本书得到了教育部人文社科规划基金项目"基于社会媒体的群体知识共建机制研究"(13YJA880034)及上海外国语大学2015年校级重大项目"教育信息化国际比较研究"(2015114005)基金支持。

在线学习的理论与实践
——课程设计的视角

金 慧 著

清华大学出版社
北 京

内 容 简 介

MOOCs 等新型开放在线课程和学习平台在世界范围内迅速兴起，给高等教育教学改革发展带来了新的机遇和挑战。由在线学习推动的新兴教育模式，也使高等教育产生了根本性变化。教学实践者对在线课程和在线学习的关注度日益提高，但目前关于在线课程的设计和开发方面的书籍很少，课程设计也正日益成为很多教师开课的瓶颈。对在线学习设计的研究有助于更好地推进在线学习方案、确定在线学习模式的适用范畴和效果，以适应新时期教育变革的需要。

本书在整理归纳目前在线学习理论和学习技术的基础上，分析了在线学习的理论架构，包括在线课程设计与开发模式、学习需要分析、学习任务的确定、学习内容的组织和设计、学习资源的设计与开发、在线学习活动设计、混合式学习等内容。本书还提供了系统化设计与开发在线学习各环节的操作策略。

本书既可以作为教育技术学专业学生的教学材料，也可以为在职教师和培训相关人员提供参考。

本书封面贴有清华大学出版社防伪标签，无标签者不得销售。
版权所有，侵权必究。举报：010-62782989，beiqinquan@tup.tsinghua.edu.cn。

图书在版编目(CIP)数据

在线学习的理论与实践：课程设计的视角/金慧著．—北京：清华大学出版社，2017（2022.10重印）
ISBN 978-7-302-48752-4

Ⅰ．①在… Ⅱ．①金… Ⅲ．①网络教学—课程设计 Ⅳ．①G434

中国版本图书馆 CIP 数据核字(2017)第 272175 号

责任编辑：	杨作梅
封面设计：	杨玉兰
责任校对：	周剑云
责任印制：	刘海龙
出版发行：	清华大学出版社
网　　　址：	http://www.tup.com.cn, http://www.wqbook.com
地　　　址：	北京清华大学学研大厦 A 座　　邮　编：100084
社 总 机：	010-83470000　　邮　购：010-62786544
投稿与读者服务：	010-62776969, c-service@tup.tsinghua.edu.cn
质量反馈：	010-62772015, zhiliang@tup.tsinghua.edu.cn
印 装 者：	北京九州迅驰传媒文化有限公司
经　　销：	全国新华书店
开　　本：	170mm×240mm　　印　张：13　　字　数：208 千字
版　　次：	2017 年 11 月第 1 版　　印　次：2022 年 10 月第 7 次印刷
定　　价：	49.00 元

产品编号：076514-02

前　　言

随着人类进入到知识经济与信息时代，社会发展需要教育培养出具有开拓性、创新性和具有全球化视野的人才。21世纪人才应具备的基本技能包括批判性思维、创造力、团队合作、跨文化理解、人际交往能力、技术素养和自我导向。而现有课堂教学的教条化、模式化、单一化、静态化的特点很难满足这种新世纪人才培养的需求，时代需要我们重新认识、设计和构建未来的学习模式。

信息通信技术的飞速发展使课堂不再是传播知识的主要环境，有更多的学习活动正渐渐从教室转移到各种技术搭建的虚拟学习环境。新的学习环境突破了学习时间和空间的限制，丰富的在线学习资源也为学习者提供了更多的学习渠道，使以学习者为中心的个性化学习成为可能。

MOOCs等新型开放在线课程和学习平台在世界范围内迅速兴起，给高等教育教育教学改革发展带来了新的机遇和挑战。由在线学习推动的新兴教育模式，也使高等教育产生了根本性的变化。对在线学习设计的研究有助于更好地推进在线学习方案、确定在线学习模式的适用范畴和效果，以适应新时期教育变革的需要。

虽然在线学习的发展为教育改革提供了可能，但随着越来越多的著名高校加入到MOOCs的课程建设中，课程的内容设计也正日益成为很多教师开课的瓶颈。如何设计出既能体现专业价值，又能吸引学习者参与互动的学习内容是决定在线学习成败的关键。

本书在分析目前在线学习理论和学习技术的基础上，提出了在线课程设计与开发的理论架构，包括在线课程设计与开发模式、在线学习需要分析、在线学习任务的确定、在线学习的组织策略、在线学习资源的设计与开发、在线学习活动设计、管理在线学习和在线学习评估等内容。

本书包括以下内容。

第一章对在线学习作了总的阐述。包括在线学习的基本概念，分析在线学习及其相关概念如Elearning、WBI等，提出了在线学习所具备的基本特征、在线学习的产生历史和发展趋势、在线学习的理论基础和相关研究。

第二章主要介绍了在线学习环境设计。首先介绍了设计学习环境的理论基础，包括在线学习环境的设计原则和设计要素；其次介绍了构建在线学习环境主要技术的发展，尤其是学习管理系统、MOOCs 和社会媒体的技术特点、功能和发展趋势。

第三章是运用系统思维的观点和方法，从教学系统设计的相关理论入手，重点讨论了在线课程设计的理论基础、课程设计的基本模型和开发步骤。

第四章研究了具体的在线学习分析策略，包括确定学习需要的方法、在线学习情境分析、学习者分析的具体步骤和策略。

第五章主要探讨了在线学习任务分析策略。概括地讲，就是针对不同的学习需求和学习目标的设定，确定学习者在完成课程时应掌握的知识、技能和预期的学习结果。这个环节需要完成两个步骤：其一是确定该课程的具体学习目标，其二是根据学习目标确定需要完成的学习任务。

第六章重点探讨了在线学习任务的组织策略，主要介绍确定学习者需要完成具体学习任务所需的策略，包括选择和确定单元主题、确定每个单元的学习目标和内容、确定内容组织顺序、确定学习评价等。

第七章是在线学习内容的设计，不但需要考虑内容结构的组织形式，还需要考虑内容的多媒体呈现方式。本章在介绍多媒体学习和适应性设计原则等相关理论的基础上，探讨了文本、图像、视频音频等不同形式在线学习资源的开发策略。

第八章介绍了在线学习活动的设计，主要介绍了在线学习活动的类型、设计要素、设计策略和设计顺序。

第九章是在线学习的实施，介绍了混合式学习的特点、基本要素和模式，并重点介绍了翻转类混合式学习的设计案例。

本书既可以作为教育技术学专业的教学用书，也可以为在职教师、企业培训相关人员提供参考。本书写作过程中，陈正利、王岳、刘迪、胡盈滢、邵钰、罗清、勾建霞、潘懿娓等学生承担了部分文献的搜集和整理工作。本书也得到了教育部人文社科规划基金项目"基于社会媒体的群体知识共建机制研究"(13YJA880034)及上海外国语大学 2015 年校级重大项目"教育信息化国际比较研究"(2015114005)基金支持。

目　　录

引言 /1

第一章　在线学习的理论基础 /3

一、在线学习概述 /3
　　(一)概念辨析 /3
　　(二)在线学习的主要特征 /7
　　(三)在线学习的发展趋势 /8
二、在线学习的相关理论 /10
　　(一)独立学习与自主学习 /10
　　(二)社会化学习 /14
　　(三)交互理论 /16

第二章　在线学习环境设计 /21

一、设计学习环境的理论基础 /21
　　(一)在线学习环境的设计原则 /21
　　(二)在线学习环境要素分析 /26
　　(三)在线学习环境的设计要素 /28
二、技术的功能与选择 /32
　　(一)技术对学习的支持 /32
　　(二)技术选择和技术实现 /35
三、在线学习技术的发展 /38
　　(一)学习管理系统 /38
　　(二)大规模开放在线课程(MOOCs) /41
　　(三)社会媒体 /47

第三章　在线课程设计与开发模式 /50

一、在线课程设计的理论基础 /50

(一)课程设计和开发的理论研究　/50
　　(二)课程设计的理论视角　/52
二、在线课程设计与开发模式　/60
　　(一)课程设计的基本模型　/60
　　(二)在线课程设计的基本要素　/62
　　(三)在线课程设计与开发步骤　/66

第四章　在线学习需求分析　/71

一、评估开展在线学习的需求　/71
　　(一)确定学习需求的方法　/72
　　(二)在线学习情境分析　/75
二、学习者分析　/77
　　(一)学习者分析的主要内容　/77
　　(二)在线学习者特征分析　/81
　　(三)在线学习者分析的具体方法　/83

第五章　在线学习任务设计　/87

一、分解宏观学习目标　/87
　　(一)学习目标的分类　/88
　　(二)确定知识学习的类型　/92
二、在线学习任务分析　/95
　　(一)学习任务分析方法　/95
　　(二)编写具体学习目标　/99
　　(三)确定在线学习任务　/105

第六章　在线教学策略的设计　/109

一、学习任务的宏观组织策略　/109
　　(一)宏观组织策略的选择　/110
　　(二)学习任务的组织原则　/112
二、单元学习模式的设计　/115

　　　　(一)学习模式的类型　　/116
　　　　(二)具体教学策略的设计　　/119

第七章　在线学习内容的设计　　/124

　　一、多媒体学习的相关研究　　/124
　　　　(一)多媒体学习的心理学研究　　/124
　　　　(二)多媒体设计原则　　/126
　　　　(三)内容适应性设计原则　　/130
　　二、学习内容的多媒体表征　　/132
　　　　(一)文本类内容的设计原则　　/132
　　　　(二)多媒体类资源的设计　　/134
　　　　(三)学习指南的设计原则　　/136
　　三、学习内容的规划设计方案　　/139
　　　　(一)规划方案的主要内容　　/139
　　　　(二)在线内容设计方案　　/141
　　　　(三)学习资源的开发脚本　　/143

第八章　在线学习活动的设计　　/146

　　一、在线学习活动类型　　/146
　　　　(一)基本学习活动　　/146
　　　　(二)学习活动的设计要素　　/149
　　二、学习活动的设计策略　　/156
　　　　(一)学习活动的设计原则　　/156
　　　　(二)学习活动的排列顺序　　/160

第九章　在线学习的实施　　/163

　　一、混合式学习概述　　/163
　　　　(一)概念界定　　/164
　　　　(二)混合式学习要素　　/165
　　　　(三)混合式学习模式　　/168

二、混合式学习的设计与实施　　/172

　　　　(一)翻转课堂模式　　/172

　　　　(二)翻转课堂的设计案例　　/175

附录 1　课程规划案例　　/179

附录 2　混合式学习案例　　/182

附录 3　翻转课堂案例　　/185

参考文献　　/191

引　言

　　网络技术的发展使教学和学习发生了重大变革，对学习环境、学习者和教师等各个要素都影响深远。网络学习环境突破了对学习时间和空间的限制，学习者可以随时随地学习，丰富的在线学习资源也为学习者提供了更多的学习渠道，使以学习者为中心的个性化学习成为可能。随着在线学习管理系统和各种类型的在线课程的发展，在线学习的形式也更为多样，已经成为正式学习和非正式学习的重要结合方式，也是目前高等教育的重要学习方式。对在线学习设计的研究有助于更好地制订在线学习方案、确定在线学习模式的适用范畴和效果，以适应新时期教育变革的需要。

　　随着人类进入知识经济与信息时代，社会需要具有开拓性、创新性和具有全球化视野的人才。ORACLE 教育基金会提出的 21 世纪人才应具备的技能包括批判性思维、创造力、团队合作、跨文化理解、人际交往能力、技术素养和自我导向。而现有课堂教学的教条化、模式化、单一化、静态化的特点导致很难满足这种新世纪人才培养的需求，时代需要我们重新认识、设计和构建未来的学习模式。

　　MOOCs 等新型开放在线课程在世界范围内迅速兴起，给高等教育教育教学改革发展带来了新的机遇和挑战。由在线学习推动的新兴教育模式，也使高等教育产生了根本性的变化。随着数以万计的学生参与 MOOCs 的学习，高校、政府、媒体和商业集团都相继卷入其中，在助推 MOOCs 发展的同时，也引发了对基于技术的学习的深度思考。这些新的教育模式给我们带来了新的机遇，但只是简单地利用新技术是不够的，怎么利用新的教育模式开展更为有效的深度学习，加强与学习者更深层次的互动，是需要思考和解决的问题关键。[①]MOOCs 在迅速发展的同时，像其他网络教育形式一样，也存在着教育质量无法保障、辍学率居高不下等问题。首先，MOOCs 的质量很难保障。虽然现有 MOOCs 平台中将"停屏练习""课后作业""线上论坛""作业互评"等多种互动元素融入其中，以此来提高学员的参与度及学习效果，可如

---

① Johnson, L., Adams Becker, S., Cummins, M., Estrada, V., Freeman, A., and Hall, C. (2016). NMC Horizon Report: 2016 Higher Education Edition[DB/OL]. http://cdn.nmc.org/media/2016-nmc-horizon-report-he-EN.pdf.

果学员仅凭观看视频等线上活动而没有深入探究的环节,那最终授课的效果可能会不尽如人意。[①]另外,目前 MOOCs 平台教学模式相对单一,和网络课程管理平台相比功能简单,教学活动主要是观看视频、资料阅读、讨论交流、提交作业等,还主要是知识的传播,与深度学习相关的教学活动较少,其教育理念较之传统课堂教学没有大的突破。目前主流的 MOOCs 课程教学模式也基本延续了传统课程结构与教学流程,注重学科内容固有的知识体系和逻辑结构,缺少实践和探究的过程。

虽然在线学习的发展为教育改革提供了可能,但随着越来越多的著名高校加入到 MOOCs 的课程建设中,课程的内容设计也正日益成为很多教师开课的瓶颈。如何设计出既能体现专业价值,又能吸引学习者参与互动的学习内容是决定在线学习成败的关键。如果希望能够设计出符合新世纪人才培养需求的在线课程,还需要深度思考什么样的课程能够吸引学生参与互动、愿意承担学习责任、能够获得较为系统的学习经验。

参与在线课程设计的老师们往往有着丰富的教学经验和精湛的专业水平,对内容的把握比较准确,但由于以前教学中组织内容的习惯,往往倾向将原来的课程内容简化后直接做成在线内容。在线学习与课堂教学不同,若只是简单地将课堂内容搬到网上,将对在线学习的效果产生很大影响。将传统优质课程转化为开放在线课程的过程,对学科教师是非常艰难的挑战,其主要问题包括:内容的选择和精炼方式不清晰;内容的序列、视频和其他学习内容的不匹配;在线讨论的内容与主题的关系不清等方面。如何设计出符合在线学习的特征并能促进学习者知识和技能掌握的学习任务是目前在线课程设计亟须解决的问题。

本书将在学习理论和教学设计理论的基础上,结合在线课程设计和开发的实践,提出在线课程设计与开发的理论架构,包括在线学习需要分析、在线学习任务的组织、在线学习内容的设计、在线学习资源设计与开发、在线学习活动设计、在线学习的实施等内容,为在线学习的设计与开发提供策略指导。

---

① 金慧. 外语类高校开展 MOOCs 的优势分析和应对措施[C]. 北京:中国文史出版社,2015.

第一章　在线学习的理论基础

在线学习理论是在远程教育研究的相关理论、学习理论、教学设计理论等各种理论的基础上发展起来的,随着技术的发展而不断演变,在线学习理论还具有自身的独特性。本章在介绍相关学习理论、远程教育学交互理论的基础上将分析在线学习的概念、历史发展、在线学习的特征以及在线学习的两个维度——自主学习和社会化学习的内涵。

一、在线学习概述

在线学习是一个宽泛的概念,随着技术的发展,其关注的侧重点也有所不同,和在线学习类似的术语还有电子化学习、网络学习、基于网络的学习等,对应的英文术语也有"Online Learning""e-learning""web-based learning"等,其核心特征是以互联网为主要媒介的学习。

(一)概念辨析

对学习的理解不同,对在线学习的理解也蕴含了不同的哲学取向,通过梳理学习概念,可以确定学习的核心要素,以了解持不同学习观的设计者在设计在线学习时的理念。

1. 对学习的解释

学习是当代心理学中最重要的议题之一,关于学习概念的讨论一直是心理学研究的主要内容,由于各自的哲学观不同,学习一词虽然使用广泛,却很难有统一的定义。

乔纳森(Jonassen)曾指出,"近一百年来,关于学习心理规律的研究经历了从行为主义到认知主义再到建构主义的发展历程,而关于学习本质的探讨也从个体的外显行为倾向到内在的心智模型、认知结构和对表现(行为)的解释。"[①]乔纳森在《学会用技

[①] [美]戴维·H.乔纳森. 学习环境的理论基础[M]. 郑太年,等译. 上海:华东师范大学出版社,2002:2-6.

术解决问题》一书中列出了 13 种关于学习的论述,包括学习是大脑的生化反应、学习是相对持久的行为变化、学习是信息加工、学习是记忆与回忆、学习是社会协商、学习是思维技能、学习是知识建构、学习是概念的转变、学习是情境的变化、学习是活动、学习分布在共同体中间、学习是根据环境给养调适感知、学习是混沌等,分别代表了不同的学习理论。[①]综合起来,具有典型代表意义的学习定义包括:①学习是大脑的生化活动,即强调一切学习都是通过条件作用,在刺激和反应之间建立直接联结的过程,在这个过程中,个体学到的是习惯,而习惯是反复练习与强化的结果。②学习是相对持久的行为变化,即学习是由于强化练习而产生的行为潜能的相对持久的变化。加涅(Gagnè)曾提到:"学习是可以持久保持不能单纯归因于生长过程的人的倾向或能力的变化。这种被称为学习的变化其表现形式是行为的变化,通过比较个体置于某个学习情境之前可能出现的行为和接受这样处理后的行为,可以做出学习的推断。"[②]就某些行为表现来看,"这种变化可能常常是能力的提高,或是态度、兴趣或价值的倾向变化,这种变化不是暂时的,必须持续一段时期。同时,学习产生于实践或其他经历。"[③]③学习是信息加工过程,即人类像计算机一样接收信息,并把它们暂时保存在短时记忆里,直到在长时记忆中提取出来转移到工作记忆,在那里利用信息执行某些操作。学习就是发展更熟练的处理方法的过程。④学习是形成认知结构,即"学习的本质不是被动地形成刺激-反应的联结,而是主动地形成认知结构。"[④]个体对世界有着自己的理解,学习者不是被动地接受知识,而是主动地获取知识,并通过把新获得的知识和已有的认知结构联系起来,积极地建构其知识体系。⑤学习是知识建构,即学习是个体在与环境相互作用的过程中逐渐建构的结果。在知识形成的过程中,皮亚杰特别强调,"学习是一个积极的知识建构过程,教学并不是把知识经验从外部装到学生的头脑中,而是要引导学生从原有的经验出发,生长起新的经验。"[⑤]⑥学习是社会协商,即学习在本质上就是社会性对话的过程。知识不仅是个体与物理环境相互内化的结构,更是在人类社会范围里建构起来的,并在不断地

---

① [美]戴维·H. 乔纳森. 学会用技术解决问题——一个建构主义者的视角[M]. 任友群,等译. 上海:教育科学出版社,2007:2-6.
② [美]加涅. 学习的条件和教学论[M]. 皮连生,等译. 上海:华东师范大学出版社,1999:2.
③ [美]戴尔·H. 申克. 学习理论:教育的视角(第三版)[M]. 南京:江苏教育出版社,2003:2.
④ 冯忠良. 教育心理学[M]. 北京:人民教育出版社,2000:131.
⑤ 施良方. 学习论——学习心理学的理论与原理[M]. 北京:人民教育出版社,1995:176.

被改造,以尽可能与世界的本来面目相一致。

通过对学习的各种定义可以看出,所有的学习理论都研究行为,不同的是行为主义理论把学习看成是行为形式或频率的改变,根据可观察的现象来解释学习是否发生,而不主张用思想、情感等内部事件来解释学习;认知理论的研究重点放在了引起行为发生的思维过程,而不是行为本身,常用来解释学习、思维、推理、问题解决、迁移及复杂技能学习等现象;建构主义重视学习者的各种认知和信念,强调对知识的理解和意义建构。行为主义的"学习是反应的强化"和认知主义的"学习是知识的获得",以及与此相应的"教学就是操练""教学就是可以打包的知识产品的输入"是传统学校课堂的主流。建构主义为教育者提供了解释人类理解性学习的新观点:即"知识是发展的,是内在建构的,是以社会和文化的方式为中介的;学习者在认识、解释、理解世界的过程中建构自己的知识。"[①] 不过,要特别注意的是:从行为主义到认知主义再到建构主义,学习的不同隐喻不代表对其他隐喻的否定,而是兼容和扬弃,都是对人类高级认知与学习机制的真实面目的进一步逼近。

在各种关于学习的定义中,有些定义强调产生学习的结果,如学习是行为的变化或者是形成认知结构,有些定义强调学习引发的心智过程,如学习是信息加工过程、知识建构过程或者社会协商过程。本书更倾向于采取过程说,即克努兹定义的学习是"发生在生命有机体中的任何导向持久性能力改变的过程,而且,这些过程的发生并不单纯由于生理性成熟或者衰老机制的原因",其中能力的概念将更加广泛,包括社会化、素质提升、改善、能力发展等多个视角。[②]

2. 在线学习

对在线学习的定义主要是从其承载的网络媒体特性入手,与在线学习相关的术语很多,包括基于网络的学习(web-based learning)、电子化学习(E-learning)、远程学习(distance learning)、分布式学习(distributed learning)、计算机辅助学习(computer-mediated learning 或 computer-assisted learning)等。需要注意的是,在这些概念中不是单纯关注学习,也包括教学,这些概念往往涉及教和学两方面的研究,在远程教育的

[①] 裴新宁. 面向学习者的教学设计[M]. 北京:教育科学出版社,2007:157.
[②] [丹麦]克努兹. 伊列雷斯著. 我们如何学习——全视角学习理论[M]. 孙玫璐译. 北京:教育科学出版社,2010:3.

各种文献中，这些术语被不同的研究者所采纳，很多时候概念的区分并不明显，甚至经常被互换使用。Susanna Tsai 和 Paulo Machado 曾对这些概念等进行了区分，指出几个概念之间存在一些侧重点的差别。[①]

远程学习(Distance learning)是最早出现的概念，虽然用了学习一词，但并不是不包括教，强调教师和学习者之间的远距离交互，更强调教师对学习者的反应。简单地发布或者给学习者传输学习材料不是远程学习，教师还需要接收来自学习者的反馈。

电子化学习(E-learning)和 e-mail 的概念同时出现，虽然 E 的前缀代表电子化，但实际上和 E-mail 的概念类似，泛指包含计算机和网络的学习活动，并不包括收音机、录像机、电视等其他电子化设备。不过也有概念特指基于网络的在线学习，比如加里森界定电子化学习(E-learning)为"发生在正式情境中，使用各种多媒体技术的、基于网络的在线学习(web based online learning)"[②]。巴德尔(Badrul H. Khan)指出："E-Learning 是一种新型的学习方式，它利用基于各种数字技术的功能特性和资源，结合利用能适应开放、灵活的分布式学习环境的其他形式的学习材料，面向处于任何时间、任何地点的任何人，实现精心设计的、以学习者为中心的、交互性的、促进性的学习。"[③]

基于网络的学习(web-based learning)的概念强调网络的媒体功能(就如教科书、光盘或其他媒体一样)，是将学习材料(不仅仅是学习活动)放在网页中，通过网页方式传输学习内容。通过浏览网页，学习内容是基于网络的学习方式的关键特性，这些网页也可能是不需要网络的。

在线学习强调学习材料通过在线方式获得，学习者可以获得在线文档、在线支持。对于在线学习的定义，西门子(Siemens)综合了众多定义将在线学习界定为："完全使用互联网传播教学，学生和教师不需要同时在同一时间和地点的学习，是远程教育的一种形式。其中不包括远程教育的传统方法，例如基于印刷的函授教育、广播电

---

① Susanna Tsai, Paulo Machado，E-learning, Online Learning, Web-based Learning, or Distance Learning:Unveiling the Ambiguity in Current Terminology.Retrieved from https://pdfs.semanticscholar.org/78aa/6073885868a77be815d75319abe4fcc39225.pdf，2017.2.10.

② 兰迪·加里森，特里·安德森. 21世纪的网络学习——研究与实践框架[M]. 丁新主译. 上海：上海高教电子音像出版社，2008：2.

③ Badrul H. Khan. 开放灵活的分布式学习环境[J]. 张建伟编译. 现代教育技术，2003(4)：11-17.

视、传统形式的视频会议、录像带、DVD 和独立的教育软件程序等"。[①]在线学习是利用各种数字技术的资源和属性以及合适的学习材料通过网络能在任何时间地点为任何人传输设计良好、以学习者为中心、交互和便利的学习环境的创新方法。

以上概念都有其侧重点，也就是有其强调的主要特征。本书所讨论的在线学习包括在线学习和教学两个方面，强调在线学习环境中的交互、资源传递、在线支持和服务等，内容组织方式以在线课程形式为主，注重学习活动的设计。

(二)在线学习的主要特征

在线学习的概念是从支持学习过程的技术手段角度定义的，网络所具有的多媒体呈现、海量信息及检索、多种交互方式等技术功能为在线学习提供了开放、灵活和分布式的学习环境，使学习者可以随时随地获取所需内容、交流思想和获得支持。因此，从技术功能的角度而言，网络技术赋予学习的灵活性、交互性、主体性才是其核心。

1. 灵活性

随着网络的普及，在线学习的灵活性、便利性更为显著。学习者可以通过网络获取多媒体学习资源、随时随地学习各种知识，尤其是手机的使用为在线学习提供了更为方便的手段，体现了学习的个性化特征。目前的在线课程平台都设计了手机用户界面，在内容设计上也充分考虑了学习者碎片化学习的特征，一般会采用短小便于分割的信息资源，便于获取和观看。技术使用上的灵活性使在线学习的时间、地点、方式等方面更具有方便易用的特征，也更有可能满足学习者多方面的个性化学习需求。

2. 交互性

在线学习可以提供多种交互方式，这是以前各阶段远程教育系统很难实现的功能。各类在线学习系统可以通过邮件、讨论区、咨询答疑、作业、同伴互评等方式实现教师和学习者之间的交互、学习者与学习者之间的交互。学习者还可以通过阅读、分析、评论、批注等方式与学习材料进行交互，有些设计还为学习者提供了参与学习材料制作和修改的机会，这些交互可以更好地促进学习者对知识的理解，在交互中实

[①] Siemens, G., Gašević, D., & Dawson, S. (2015). Preparing for the digital university: a review of the history andcurrent state of distance, blended, and online learning. Athabasca University, University of Edinburgh, University of Texas Arlington, University of South Australia.

现个人理解的逐步发展。

3. 主体性

从教育功能的角度来看，在线学习可以促进知识建构、个性化学习、协作学习、批判性思维的养成。在线学习将教育从传统教室的以教师为中心转变为以学生为中心，学生对自己的学习负有更多责任。[1]由于学生现在能够自己选择学习什么、什么时候学习和与谁一起学习，因此在线课程的成功需要学习者一定程度上的自我规划和指导。与其他传统学习方法不同的是，在线学习的同伴互动非常多，"会存在多种声音或观点，学生会接触到各种可能的解读或解决方案，而不仅仅是'正确的'或'教科书'的答案"[2]。这些特征将学习责任归还给学习者，学习者对学习内容、学习形式都具有更多的自主性。

(三)在线学习的发展趋势

在线学习由远程教育发展而来，延续了教学分离、学习可以发生在任何时间任何地点、利用某种媒体获得学习资源的特征。早期在线学习倾向于复制原有的远程教育实践，将文本内容以网页的方式呈现，学习者的学习任务主要是浏览网页或者视频，完成在线测试。这些早期的设计产生了很多问题，比如过长的文本类不适合在线学习，学生也没有太多机会参与讨论。[3]这些问题引发了人们对在线学习效果的质疑，开始尝试面授教学与在线教学相结合，也就是早期混合式学习的开始。

在线学习最引人瞩目的优势就在于它提供了基于文本的深层次交互，并且不受时间和空间的限制。[4]虽然在线学习的交互性与传统的远程教育有很大的不同，但早期的在线学习还只是将网络作为传输学习内容的工具，并没有真正发挥其促进交流、帮

---

[1] Koch, L. F. (2014). The nursing educator's role in e-learning: A literature review. Nurse Education Today, 34(11), 1382–1387. doi:http://dx.doi.org/10.1016/j.nedt.2014.04.002.

[2] Harasim, L. (2000). Shift happens: online education as a new paradigm in learning. The Internet and Higher Education, 3(1–2), 41–61. doi:http://dx.doi.org/10.1016/S1096-7516(00)00032-4.

[3] Siemens, G., Gašević, D., & Dawson, S. (2015). Preparing for the digital university: a review of the history andcurrent state of distance, blended, and online learning. Athabasca University, University of Edinburgh, University of Texas Arlington, University of South Australia.

[4] garrison, D. r. (2011). E-learning in the 21st century: A framework for research and practice. Taylor & Francis. 3.

助学习者构建意义的优势。但随着技术和学习理论的发展，在线的探究和讨论等协作学习活动成为常见的学习方式，在线学习在促进学习者交流、深度理解知识方面的优势也逐渐体现。至今在线讨论还是在线教育的重要成分，包括最近出现的大规模在线开放课程(massive open online courses，MOOCs)。

技术和教学等方面的发展影响了在线学习的演变，目前的在线学习已经整合了包括社会媒体在内的更多的交互学习方式。随着互联网技术的发展，尤其是情感计算、虚拟现实等技术的发展，在线学习的交互性、灵活性和主体性将更为显著，其主要的发展趋势和可能面临的挑战包括以下几个方面。

1. 多方面支持个性化学习

个性化学习的目的是给学生更多的学习自主权，增加学习动机和参与度。从表面上看，"个人"这个词可能意味着一种孤独的体验，但有效的个性化学习方法可以促进学生和老师之间的持续对话，为双方提供需要进一步关注的重要见解。近几年，广受关注的自适应学习技术能够监控在线学习者的学习进度，并根据学习数据实时调整学习材料或利用用户大样本集成的数据调整课程的设计。如果自适应学习技术能够在在线学习环境中规模使用，将有可能实现真正意义上的个性化学习，也意味着未来的在线学习系统可以基于个人能力或技能水平来动态调整课程难度或种类，能适应每个学习者的速度和进度并实时调整内容或在恰当的时机提供定制化的练习。自适应技术为在线的个性化学习创造了机会，除了技术上还不能完全解决个性化学习的问题以外，教师还不清楚如何利用这些技术设计有效的个性化学习方案，这点可能是未来在线学习设计更难以克服的挑战。

2. 学习分析技术的充分使用

对学习测量的日益关注表明人们对评估以及教育者用于评估、测量和记录学术准备、学习进展、技能获取重新产生了兴趣。未来的在线学习环境，可以充分利用数据挖掘软件和可视化软件来描述学习者的各类学习数据。尤其是随着学习管理系统(LMS)的广泛使用，包括Blackboard和Moodle，将会迅速生成大量的数据，使设计者对学习者的学习有更全面的了解。在各种在线和混合的课程中，可以收集大量有关学生活动的数据，这些数据可以揭示学习者的哪些行为对他们的学习有帮助。目前分析的数据包括学习者的人口统计、课程选择的高校信息、项目的完成进度、学习者的认知行为等。学习分析的目标是建立更好的教学法、加强主动学习、瞄准有风险的学生群体、评估影响完成度和帮助学习者成功的因素。学习分析的发展经历了三个阶段，从注重事后效应到强调预见性，第一阶段是描述结果，第二阶段是诊断，第三阶段也是现在所处的阶段是预测将来。根据学习分析技术获得的解决方案，可以减少完成时间、提高学习效果、瞄准学生需求，使各方均有所受益。

3. 促进各种形式的协作学习

协作学习的理念基于学习是社会建构的观点，基本原则是以学习者为中心，强调互动、团队合作以及为真实挑战制订解决方案。协作学习除了可以提高学习者的参与度和成就感外，有效的合作活动可以带来更高层次的思维活动、更强的自尊心和更高的领导技能，促进学生的集体归属感。各类技术的发展提供了更多在线协作学习的可能性，各类社交媒体、在线社区、云服务平台、自适应学习系统和学生咨询平台的出现，有助于数据共享、表达和交流观点；开展咨询和互助、完善评估。[①]

二、在线学习的相关理论

支持在线学习设计的理论主要来自远程教育学的前期研究和 E-Learning 方面的教学设计理论，随着技术的发展，也受到与新技术有关的信息设计理论和学习理论的影响。本章将主要从在线学习的两种主要形式——自主学习和社会化学习的角度介绍相关的理论研究，所涉及的课程设计与开发的理论、学习资源的多媒体信息设计等理论将在后面的相关章节中论述。

(一)独立学习与自主学习

独立和自主学习理论是远程教育学理论体系中的重要组成部分，早期文献中提到最多的是独立学习，后期则更多地提到自主学习的概念，其内涵都表明了远程教育系统中学习者在已有知识的基础上决定自己学习和构建知识的自主程度。

---

① 金慧，胡盈滢，宋蕾. 技术促进教育创新——新媒体联盟《地平线报告》(2017 高等教育版)解读[J]. 远程教育杂志，2017, 35(2)：3-8.

1. 早期独立学习的相关理论

德林(Delling)最早指出远程教育中有两种学习形式，一种是独立式，另一种是对话式或问答式。独立式以单向通信为基础，对话式以双向通信为基础。德林认为远程教育中的学习者要依赖自身的自主和独立。[1] 魏德迈(Wedemeyer)于1971年提出独立学习的概念，指出独立学习是学习者自主选择目标、自我安排、个别化学习活动，指出独立学习包涵各种教与学的安排形式，在这些形式中学生和教师相互分离。[2]

魏德迈提出独立学习的六个基本特征。[3]

- 学生与教师分离。
- 正常的教和学的过程是以文字或者通过其他媒体进行的。
- 教是个别化的。
- 学习通过学生的活动发生。
- 学习是在学生自己的环境里方便地进行的。
- 学生对自己的进步负责，他可以在任何时间按自己的节奏自由地开始和停止学习。

魏德迈认为独立学习要体现出三种程度上的自主性，即：

- 学习应自定节奏，学习者可以根据自己的环境和需要安排学习时间。
- 学习应是个别化的并且学习者应避免跟着学习的几门课中的任何一门课程跑。
- 学习者应有选择目标和活动的自由。[4]

学习者的独立学习可能会经过从被动学习、隐约感到学习需要、需要转变为学习目标、有目的的学习行为、开始学习任务、坚持学习、达到目标这七个阶段，在这个过程中能够影响其获得成功的主要要素包括：如何培养对课程的兴趣和动力、对远程学习的准备、如何把握远程学习的课程结构和如何评价学习的进步。[5]

魏德迈的独立学习理论影响深远，为开放学习、开放教育资源运动、慕课建设奠定了理论基础，也为在线学习中自主学习的设计提供了依据。

---

[1] 基更. 远程教育基础[M]. 丁新译. 上海：上海高教电子音像出版社，2008：50-51.
[2] 丁新. 国际远程教育研究[M]. 北京：高等教育出版社，2008：7.
[3] 基更. 远程教育基础[M]. 丁新译. 上海：上海高教电子音像出版社，2008：55.
[4] 基更. 远程教育基础[M]. 丁新译. 上海：上海高教电子音像出版社，2008：56.
[5] 丁新. 国际远程教育研究[M]. 北京：高等教育出版社，2008：9-10.

2. 自主学习的相关理论

和自主学习有关的术语包括自我导向学习(self-directed learning)、自我调节学习(self-regulated learning)、主动学习(active learning)、自我管理学习(self-managed learning)、自我监控学习(self-monitored learning)等，在远程教育和语言学方面的文献中还经常采用"学习者自主性"(learner autonomy)的概念。之所以在概念上术语众多，是因为研究者对学习的关注点不同，在对概念的解释上也不尽相同。

首先，在远程教育理论研究领域，穆尔(Moore)扩大了独立学习概念的内涵，提出了自主学习者的概念，指出独立学习计划有两种：一种是为在离开教师环境里学习的学生设计的教学计划，另一种是为鼓励独立学习或自主学习设计的教学计划。穆尔的理论中提到了学习者的自主性和交互距离之间的关系，试图把学习者的自主性放置在独立学习的第二个维度，并且指出教学计划要尽可能贴近学生的需要，自主性的高低取决于在独立学习计划中学习者设置目标、选择学习方式和评价三个方面能够自己做主的方式。[①] 学习者的自主性代表了学习者具有制订个人学习计划的能力，即在自身工作或者生活环境中找到学习资源、自己决定学习的进展是否满意的能力。

在其他领域的研究中，尤其是心理学的相关研究中，自主学习是学习者自我定向、自我调节的学习策略。比如齐莫曼(Zimmeman)在对已有自主学习的定义进行总结的基础上提出，"自主学习以对学习效率和学习技巧的反馈为基础，学习者选择和运用自主学习策略，以获得预期的学习效果。"[②] 宾特里奇(Pintrich)认为："自主学习是一种主动的、建构性的学习，在这个过程中，学生首先为自己确定学习目标，然后监视、调节、控制由目标和情境特征引导和约束的认知、动机和行为。自主学习活动在学生的个体、环境和总体的成就中起中介作用。"[③] 霍莱茨(Holec)认为自主学习就是学习者在学习过程中能够对自己的学习负责。[④] 利特尔(Little)的观点是，自主学习是一种心理关系，是学习者对学习过程和学习内容的一种心理操作，是一种超越、

[①] 基更. 远程教育基础[M]. 丁新译. 上海：上海高教电子音像出版社，2008：59-61.

[②] Zimmerman B J, Risemberg R. Self-regulatory dimensions of academic learning and motivation. In: Phye G D ed. Handbook of academic learning. Academic Press, 1997：105-125.

[③] Pintrich, P. R. (2000). The Role of Goal Orientation in Self-Regulated Learning. In M. Boekaerts, P. R. Pintrich, & M. Zeidner (Eds.), Handbook of Self-Regulation (Pp. 451-501). San Diego, CA: Academic Press.

[④] Holec, H. Autonomy in Foreign Language Learning[M].Oxford:Pergamon,1981：3.

批判性思考、决策以及独立行动的能力。它不仅表现为学习的方法，而且表现为学习的策略。① 本森(Benson)将自主学习界定为对自己的学习加以控制的能力。② 利特伍德(Littlewood)认为，自主学习能力意味着学习者拥有独立做出并实施影响其行动选择的意志和能力。③ 国内学者郑金洲认为自主学习和其他学习方式一样，是学习者一贯性表现出来的、具有个人特色的学习策略和学习倾向的总和。自主学习就是学生在教师的指导下，自觉地运用元认知策略、动机策略和行为策略，主动而有效地进行学习的方式。④ 庞维国主张从横向和纵向两个角度定义自主学习。横向角度是指学生本人对学习的各个方面都能自觉地作出选择和控制，包括学习动机、学习内容、学习策略、学习时间、学习评价等。纵向角度是从学习的整个过程解释自主学习的实质，包括确定学习目标、制订学习计划，在学习过程中能对学习进展、学习方法作出自我监控、自我反馈和自我调节，在学习活动后能对学习结果进行自我检查、自我总结、自我评价和自我补救等方面。⑤

自主学习的研究并不否认教师等的中介作用，而是强调教师在学生自主学习中起重要作用，包括为学生选择和组织合适的刺激、用最有利于促进学习的方式来呈现这些刺激。⑥ 自主学习中的教师要帮助学生获得发展进步、学会学习、处理问题、适应各种文化情境和社会变化，以及应对各种挑战所需要的知识、技能和策略；帮助学生学会独立自主和控制自己的学习，还关系到帮助他们学会独立思考和独立解决问题。⑦ 利特(Little)提出设计教师干预的三大原则：学习者参与、学习者反思和适当的目标语

---

① Little, D. 2007. "Language learner autonomy: Some fundamental considerations revisited." Innovation in Language Learning and Teaching 1. pp. 14-29.
② Benson，P. 2005. Teaching and Researching Autonomy in Language Learning. 北京：外语教学与研究出版社.
③ Littlewood，D. 1999. "Defining and developing autonomy in the east Asian context." Applied Linguistics 1. pp. 71-94.
④ 郑金洲. 自主学习[M]. 福州：福建教育出版社，2005：1-20.
⑤ 庞维国. 自主学习：学与教的原理和策略[M].上海：华东师范大学出版社，2003：4-30.
⑥ Feuerstein, R., P. S. Klein& A. J. Tannenbaum.1991. Mediated Learning Experience: Theoretical Psychological and Learning Implication [M]. London: Freund.
⑦ Williams, M. & Burden, R. L. Psychology for Language Teachers: A Social Constructivist Approach [M]. Beijing: Foreign Language Teaching and Research Press, 2000.

使用。学习者参与是指教师设法让学生承担更多的学习职责；学习者反思是指教师帮助学生批判性地思考自己的学习过程；适当的目标语使用是指将目标语作为语言学习的主要媒介。①

综合上述不同学者的观点，可以归纳为自主学习是在学习过程中学生能够自我控制、调节学习目标、学习内容、学习计划、学习策略，并且能对学习活动做出自我评价的学习方式。但自主学习应该是在教师的指导下的学习行为，同样需要有计划的学习过程设计和教师干预。

(二)社会化学习

社会化学习是学习者与他人进行交互并获得学习体验的过程。社会化学习(social learning)也被称为社会性学习、社会学习等，早期的社会化学习理论吸收了行为矫正理论和早期社会学的研究成果，力图从心理学的角度理解和改变人们的行为。新的社会化学习理论则更加强调利用社会媒体完成个人知识的建构和集体知识的生成。另外，基于社会媒体的学习更强调学习者参与，希望通过使用设计好的交互手段来支持经验共享与意义建构。

1. 早期社会化学习的相关理论

早期社会化学习的研究受行为主义一些学说的影响，主要关注模仿和观察学习，强调影响学习的社会因素。社会化学习过程涉及四种因素，即驱力或动机、线索(cue)或刺激、反应以及报酬或强化，这些因素都具有社会或文化的性质，受社会和文化因素的影响。模仿是社会化学习过程，以强化为基础，包括三种表现形式，即相同行为、仿同-依附行为和翻版行为。

对社会化学习有重大突破的研究来自班杜拉。班杜拉的社会学习理论主要包括的理论基础有：观察学习和交互决定论。班杜拉指出，行为主义的刺激——反应理论无法解释人类的观察学习现象。因为刺激——反应理论不能解释为什么个体会表现出新的行为，以及为什么个体在观察榜样行为后，这种已经获得的行为可能在数天、数周

---

① Little, D. 2009 "Learner autonomy in action: Adult immigrants learning English in Ireland." In F. Kjisik, P. Voller, N. Aoki, & Y. Nakata (eds.). Mapping the Terrain of Learner Autonomy: Learning Environments Learning Communities and Identities. Tampere: Tampere University Press, pp. 51-85.

甚至数月之后才会出现等现象。① 所以，如果社会化学习完全是建立在奖励和惩罚之结果的基础上的话，那么大多数人都无法在社会化过程中生存下去。

班杜拉认为学习是一个持续不断进行的过程，只有被观察到的才可以被学习。观察学习的四个过程是注意过程、保持过程、行为复现过程和动机过程。也就是说，观察学习包括注意、保持、行为能力和诱因，任何一个阶段没有实现，都可能影响观察学习的发生。②

班杜拉的交互决定论强调在社会化学习过程中行为、个体和环境三者的交互作用，认为个体行为受环境影响，但人们也能通过某些行为方式影响环境，而改变了的环境又会影响他们的后继行为，三者之间相互交错影响，在某个特定时刻任何一个要素都可能比其他两个影响更大。③

班杜拉认为展示榜样行为可以让观察者习得一种新反应，加强或削弱自己已有的行为和引发行为库中的已有行为。观察学习最重要的作用是可以习得超越观察达到的特定反应之上的规则或原理，也就是可以产生创作性行为。④ 榜样越是多样化，观察者越有可能做出创造性的反应。这个观点为后期社会化学习理论提供了全新的研究视角。

2. 基于活动的社会化学习

越来越多的研究结果表明，在社会文化的以活动为导向的情境中的学习，才是最自然的和最有意义的。⑤ 社会活动理论起源于维果斯基的心理发展和社会建构理论，他认为，人的学习与发展发生在与其他人的交往和互动之中，中介作用就是使用"工具"帮助学生解决问题和达到目的，它可帮助学生进入和通过"最近发展区"⑥。维果斯基认为，个体所有的高级心理机能的发展都是社会关系的内化，正是这些内化了

---

① 施良方. 学习论——学习心理学的理论与原理[M]. 北京：人民教育出版社，1995：376-379.
② [美]赫根汉，奥尔森等. 学习理论导论[M]. 郭本禹，等译. 上海：上海教育出版社.2011：281-284.
③ [美]赫根汉，奥尔森等. 学习理论导论[M]. 郭本禹，等译. 上海：上海教育出版社.2011：285.
④ 施良方. 学习论——学习心理学的理论与原理[M]. 北京：人民教育出版社，1995：394-396.
⑤ [美]戴维·H. 乔纳森. 学习环境的理论基础[M]. 郑太年，等译. 上海：华东师范大学出版社，2002：91-93.
⑥ Rogoff, B & J.V. Wertsch, etal. Children's learning in the "zone of proximal development". New Directions for Child Development[J]. Jossey-Bass, 1984, (23): 32-54.

的社会关系构成了个体的社会结构。而新手正是通过内化合作工作的效果而获得有用的策略和重要的知识。①

维果斯基的社会建构理论强调了学习者之间的主体间性，表明学习伙伴应对当前的任务有某种程度的共同理解。他们必须共同构建问题的解决办法，或者协调解决问题，也必须共同对活动作出决策。维果斯基还强调了教师或同伴对最近发展区十分关键。在活动中，教师或者较高级的同伴对学习者建构知识起支架作用。教师应提供指导，要求学习者填补他们当前的技能水平和预期的技能水平之间的差距。②

乔纳森进一步解释了活动理论，在他看来，活动是人类与客观世界的互动，是蕴涵在这些互动中的有意识活动，活动和有意识的加工是不可分割的。③而且活动过程可以促进理解，理解又能影响行动，两者之间相互作用。活动理论更关注人们参与活动中时与合作者的社会关系、情境化的关系、活动的目的和结果等。

深受维果斯基理论和活动理论的影响，后期的社会化学习理论从个人和环境的相互作用转到群体的知识共享、建构、协作和共创，表明我们对世界的理解是由我们通过对话等方式建立的，一个实践共同体或者学习共同体的成员能够通过对话、协商、选择性理解过去或现在的经验等方式构建共同体。而这种共同体的结构是基于成员的共同预期，即满足社会建构主义的预期原则。

(三)交互理论

交互理论是远程教育学的重要理论，从早期的穆尔、安德森到现今的很多理论家都研究过远程教育中的交互性质、类型等内容。交互理论是在线学习活动设计的重要理论基础。

1. 交互的含义

交互一词的提出受杜威思想的影响，瓦格纳(Wagner)把交互定义为："一种相互作用的事件，需要至少两个对象和两个行为。这些对象和事件彼此相互影响时才发生

---

① 高文，等. 建构主义教育研究[M]. 北京：教育科学出版社，2008：34-36.
② 德里思科尔. 学习心理学——面向教学的取向[M]. 王小明，等译. 上海：华东师范大学出版社，2008：216.
③ [美]戴维·H. 乔纳森. 学习环境的理论基础[M]. 郑太年，等译. 上海：华东师范大学出版社，2002：97-98.

互动。"①在《教育大辞典》中，interaction 一词被翻译成术语"相互作用"并被定义为一个因素各水平之间反应量的差异随其他因素的不同水平而发生变化的现象。②交互的这种表述是从一般教育意义的层次展开的，既包括传统教育，也包括远程教育。在计算机辅助教育中，"交互"指的是在基于计算机的学习环境中能让学习者与学习内容、学习资源之间相互作用的功能和操作。③

最早关注远程教育中交互现象的是瑞典人约翰·巴斯，在 20 世纪 70 年代，他把双向通信的概念用在函授教育中，提出函授教育应具有双向通信的功能，双向通信是远程教育过程的中心环节。远程教育研究中广为认可的定义来自 Gilbert 和 Moore，他们将交互定义为"两个或多个个体在学习环境中为完成学习任务或建立社会关系而进行的双向通信"，④这一定义强调了交互的社会性意义。

2. 交互的分类

交互的分类有多种方法，从在线时间的角度来看，可分为同步交互和异步交互；根据交互的目的与内容可分为认知交互与情感交互；根据交互的对象可分为内容交互与人际交互。

穆尔(Moore)将远程教育中的交互分为学生与学习材料的交互、学生与教师的交互、学生之间的交互。⑤随后希尔曼又提出了第四种交互：学生与交互界面的交互。⑥安德森和加里森(Anderson & Garrison)在穆尔交互分类的基础上进一步拓展了交互的划分类型，将教学交互分为六种：学生与学习材料的交互、学生与教师的交互、学生

---

① Wagner E D. In support of a functional definition of interaction[J]. American Journal of Distance Education, 1994, 8(2): 6-29.

② 顾明远. 教育大辞典[M]. 上海：上海教育出版社，1998.

③ Sims，R.(1999). The Interactive Conundrum I: Interactive Constructs and Learning Theory[A]. J. Winn(ED). Responding to Diversity. Proceedings of 16th Annual Conference of SCILITE [C]. Brisbane：QUT，Teaching and Learning Support Services.

④ Gilbert L, Moore D R. Building Interactivity into Web Courses: Tools for Social and Instructional Interaction.[J]. Educational Technology, 1998, 38：29-35.

⑤ Moore M G. Editorial: Three types of interaction[J]. Tetrahedron Letters, 1988, 29(47)：6051-6054.

⑥ Daniel C. A. Hillman, Deborah J. Willis, Charlotte N. Gunawardena. Learner-Interface Interaction in Distance Education: An Extension of Contemporary Models and Strategies for Practitioners.[J]. American Journal of Distance Education, 1994, 8(2)：30-42.

之间的交互、教师之间的交互、教师与学习内容的交互、学习内容之间的交互，如图1-1所示。①

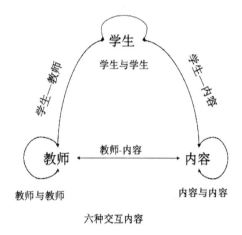

图1-1 安德森提出的六种交互形式

(资料来源：丁新. 国际远程教育研究[M]. 北京：高等教育出版社，2008：91.)

其中，学生和教师的交互是教育中最基本的交互，学生可以通过同步或异步等多种手段实现与教师的交互。学生与学生的交互是学生之间通过各种网络技术开展的各种交流和协作学习。学生和学习内容的交互体现在学生对各种学习材料的学习上。教师和内容的交互不仅仅停留在教师备课并用自己的方式将教材的内容表达出来，还体现在对在线教学内容的开发和应用方面。教师和教师的交互可以促进教师的实践共同体的发展，帮助教师专业成长。学习内容之间的交互是指通过一些智能代理帮助学习内容的适应性呈现和自动更新。②

按照安德森等人的观点，远程学习中的各种交互形式可以相互转换和替代，只要三种主要的交互形式(学生和教师的交互、学生之间的交互、内容和内容的交互)的任意一种处于较高的水平，深入和有意义的学习就会得到支持。

---

① Anderson, T., and Garrison, D.R. (1998). Learning in a networked world: New roles and responsibilities. In C. Gibson (Ed.), Distance Learners in Higher Education. (pp. 97-112). Madison, WI.: Atwood Publishing.
② 兰迪·加里森，特里·安德森. 21世纪的网络学习——研究与实践框架[M]. 丁新主译.上海：上海高教电子音像出版社，2008：44-46.

3. 交互效果的影响因素

最早对交互教学效果分析的理论研究来自穆尔提出的互动距离(Transaction distance)的概念，互动一词起源于杜威，由伯依德(Boyd)和艾珀斯(Apps)继续加以发展。据其解释，互动意味着"某种情景中环境、个人与行为方式之间的相互影响"。[①] 穆尔采用这个概念代表远程教育中师生在具有分离特性的环境中的相互作用和影响。穆尔用互动距离的概念来表明师生间的相互影响。他指出："互动距离就是导致交流缺失的物理距离，是教学者和学习者之间存在误解的可能性，必须由特别的教学技术来弥合的心理距离。"[②]

影响互动距离的两个变量是对话和结构。对话是在一个教学计划中，学生和教师能够彼此回应的程度，也就是师生之间进行互动的难易程度；结构是某个教学计划能够反馈学生个人需要的程度，也就是教学设计中允许变通的程度。[③] 这两个要素都是可测量的，可以相互制约的，因此互动距离是一个相对的连续变量。在结构化程度高的课程中，师生的对话一般很少，互动距离自然就加大。反之，当对话增加、结构灵活时，师生之间的互动距离也随之下降。在教学设计时要充分考虑两个变量对互动产生的影响。

在教育关系中，对话的目的是促进学生的理解。师生之间的对话能否发生，其范围、性质取决于很多因素，包括课程设计者的教育哲学、教师(教师的选择与培训)、学习者的个性、学生的学习风格、学科性质与其他环境因素、沟通的媒体、课程设计等。其中学习小组的大小、使用的语言是影响对话的重要因素。有证据表明，两人小组或小规模组织协作学习效果要高于大规模组织教学。[④]在大规模组织的学习活动中，学习者阐述并验证自己观点的机会相对较少，仅仅分配给学习者小组任务或给他们提供辅助是远远不够的，还应营造一个能促使学习者主动进行社会交互活动，以激

---

① 迈克尔·穆尔, 格雷格·基尔斯利. 远程教育系统观[M]. 王一兵主译. 上海高等电子音像出版社，2008：222.
② 迈克尔·穆尔, 格雷格·基尔斯利. 远程教育系统观[M]. 王一兵主译. 上海高等电子音像出版社，2008：222.
③ 丁新. 国际远程教育研究[M]. 北京：高等教育出版社，2008：15.
④ Lou, Y. (2004). Understanding process and affective factors in small group versus individual learning with technology. Journal of Educational Computing Research, 31(4), 337-369.

励有机会获得恰当心智活动的学习情境。[①]

另一个重要因素是媒体环境,任何一种通信媒体的性能,对教师和学习者之间对话的程度与质量都会产生直接影响。Web 2.0 技术的发展和普及,使对话的媒体形式更加多样和方便,增加了学习者与教师的对话机会和效果,从而缩短互动距离。

结构是描述课程设计的严谨性,指教学计划设计(或课程设计)是否有一定的灵活性。一个结构性强的课程设计中,要求每个学生按照严格控制的顺序完成每个阶段的学习任务,每个学生遵循相同的学习步调,学习材料和教学内容同步,在线讨论都是依据详细计划精心组织。一个结构性弱的课程允许学生按照自己的学习速度完成学习任务,根据个人情况决定和教师的交互时间。因此,结构也是个定性的变量,在教学计划中的结构化程度取决于所使用的通信媒体的特性、教师的教育哲学和情感特征、学习者的个性和其他特征、教育机构硬性规定的限制等因素。而一门课程的结构性高低,可以从以下三个方面加以考量。

- 在设置目标上的自主性?教学计划中的学习目标是由教师还是由学生来选定?
- 学习方法上的自主性?人的资源(身体的)和其他媒体的选择是由教师还是由学生决定?
- 评价的自主性?评价方法和采用的标准是由教师还是学生决定?

目前的在线课程设计,尤其是很多大规模开放在线课程的设计,虽然在时间和内容选择上更为灵活,但其结构性仍然很强,比如学生必须完成某个节点的学习任务,才可以进入下一个步骤的学习中。如何合理设计课程的结构和对话,在交互作用和自主学习之间找到平衡和正确的结合点,是目前在线课程设计需要考虑的重要问题。可以肯定的是,课程结构和对话的设计,要充分考虑学科特性、学习者特征、学习需要等要素,也要考虑学习资源的传递方式、交流的媒体类型等特征。

[①] Summers M, Volet S. Group work does not necessarily equal collaborative learning: evidence from observations and self-reports[J]. European Journal of Psychology of Education, 2010, 25(4):págs. 473-492.

第二章 在线学习环境设计

Web 2.0 时代的在线学习环境是一个整合各种媒体、集合各种功能的学习空间,既关注个体学习者的学习体验、参与性和个性化,也体现了社会和文化属性,是具有更多交互性和集体学习的社区。在线学习以学习者为中心,学习环境必须具有交互、灵活、便利和协作等特性,能够创设促进认知和交互的学习活动。创造在线学习环境的技术方法有四种:网页、学习管理系统、多媒体工具、社交网络平台。不管采用哪种技术方式,设计的重点都应考虑学习环境能够实现的学习功能。我们将从有效学习环境的设计原则和技术要素分析入手,进一步介绍学习管理系统、MOOCs 平台和社会媒体平台的教学和学习功能。

一、设计学习环境的理论基础

任何学习环境的背后都隐含了设计者对学习的理解,正是由于在学习观念上的差异,学习环境的设计中也就会考虑不同的促进学习的策略。如果强调学习是被动接受的隐喻,所设计的重点就更偏重于对学习内容的不断强化和重复,注重知识点的练习,也更重视教的过程。如果强调学习是内在知识建构的隐喻,在设计上就会更多地考虑学习者的主动性,偏重对学习者认知图式的支持,注重情境的设计。如果强调学习是社会协商的理念,支持策略的设计就会考虑学习者之间的合作和协商,提供交互和对话的平台和工具。[①] 有效的学习环境设计一定是一个整合性的方案,能够综合考量各种设计理念。

(一)在线学习环境的设计原则

一个有效的在线学习环境应该能够创设问题情境,让学习者参与和认知有关的各种学习活动,以此获得知识和技能。因此,应遵循的设计原则是问题化原则和情境化原则。

---

① 金慧. 基于问题解决的学习支持[M]. 长春:吉林大学出版社,2011:27.

1. 问题化原则

在线学习环境设计的一个重要原则是问题化设计原则，即为了培养学习者的问题解决能力，需要为学习者创设真实的问题情境、提供合作解决问题的机会、尝试使用问题解决策略、为学习者提供指导和帮助工具等。如果和情境化原则相结合，在线学习环境可以成为问题解决的实践场所，同时还有助于培养学习者的批判性思维和合作精神。

问题化原则的理论基础来自基于问题的学习方面的研究。美国在 20 世纪 60 年代专为医学教学设计了基于问题的学习(problem based learning，PBL)模式。这种以问题解决为目标的学习模式有三方面的特征：①学习开始于学生遇到的一个包含问题的情境，也就是摆在学生面前需要解决的一个真实问题；②呈现的问题往往是结构不良的问题，需要学生运用多种学科知识和学习策略来探究并予以解决；③教师在问题解决的全过程中对学生负有辅助的责任而不是指令。换言之，PBL 学习的过程是以学生为中心的，在这个过程中学习者必须完成的学习任务包括：确定是否存在某一个问题；创设一种精确的问题陈述；识别为理解问题所必需的信息；确定可用于搜集信息的资源；作出可能的解答。PBL 的基本途径包括：呈现问题；列出已知的知识；基于学生对已有知识的分析陈述某一问题；列出学生为填补知识缺陷所必须发现的信息，以引导学生进行探索与搜寻；列出学生可能采取的行动以及可能提出的建议、解答或假设，并进行适度性的检验；学生以口头或书面形式呈现、交流问题的发现、解答和建议。①

问题导向的学习是在传统的 PBL 的基础上，利用网络和多媒体创设的在线环境开展的基于问题的学习活动，它同时也涵盖了小组学习、自我导向学习、案例研究、基于项目的学习、设计性学习等模式。问题导向的学习活动着眼于把问题作为学习和教学的协调机制，运用计算机创设真实问题的情境，让学生在问题解决的过程中掌握有关知识，培养关键技能，它基于的理念是在有意义和真实的问题情境中学到的知识比用抽象和系统的方法学到的知识更容易运用到现实生活中，因此是一种促进学生"学会学习"的方法，可以培养学生的问题意识、批判性思维的习惯，发展自主学习的策略以及解决实际问题的能力。②

---

① 李其龙等. 研究性学习国际视野[M]. 上海：上海教育出版社，2003(12)：116.
② 金慧. 基于问题解决的学习支持[M]. 长春：吉林大学出版社，2011：51-52.

学习者如何能更好地解决将来在工作中可能遇到的问题呢？第一，需要学习者掌握相关的知识和技能，更主要的是了解问题的存在，并掌握解决该问题的技巧。第二，要学会对问题解决策略的运用，即对从没有遇到的问题采用尽可能合理的策略尝试解决，也就是培养学习者能像专家那样思考问题。

因此，在基于问题的学习过程中，问题是引导学习者开展学习活动的线索。通过在认识问题、产生解决策略、实施策略并不断反思—适应—执行策略的过程中使学习者的认知和情感技能得到磨炼。梅瑞尔曾提出了有效学习环境的五条基本原则，如图 2-1 所示。[①]

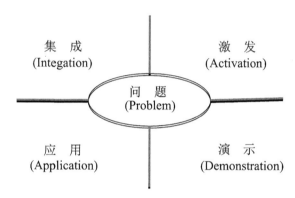

图 2-1 梅瑞尔教学设计基本原则

问题原则——学习应当以问题为中心，当学生从事于解决真实的问题时有利于促进学习活动的开展。因此，学习环境中应当注意以下几点。

- 呈现问题或任务，作为学生学习的目标。
- 重视解决问题，而不仅仅是了解和认识。
- 设计一系列彼此相关且循序递进的问题。

激发原则——在学习过程中，应当激活原有的知识作为新知识的基础。因此在学习环境中，应当做到以下几点。

- 引导学生回忆、关联、描述、应用于作为新知识基础的已有经验或知识。
- 提供相关的经验。

---

① Merrill, M. D. (2000). Instructional transaction theory (ITT): Instructional design based on knowledge objects. In Reigeluth, C. M. (Ed.). Instructional Design Theories and Models: A New Paradigm of Instructional Theory, Chapter 17. NJ: Lawrence Erlbaum Associates. Retrieved November 15, 2003.

- 提供机会，使学生演示原有的知识或技能。
- 激发、修改、调整原有的心智模式以容纳新的知识。

演示原则——将新的知识演示、呈现给学习者，应当做到以下几点。

- 演示教学范例而不仅仅只是告诉学习者。
- 演示应当与学习目标一致。
- 在演示过程中，提供相关的指导信息，引导学生注意相关信息。
- 知识的多种表示比较有利于促进学习。

应用原则——新知识应当得到应用，练习要与学习目标一致，对练习应当提供辅导和反馈。

集成原则——集成是指将新知识融入原有的学生的知识框架中，并促使新知识应用于日常生活中。下面的措施有利于知识的集成与运用。

- 提供机会让学生公开演示其新知识或技能。
- 促使学生反思、讨论、巩固其新知识。
- 进行探索、发明和创作，用个性化的方式应用其新知识。

上述五条原则可以作为衡量一个学习系统的标准，也是设计在线学习环境的重要依据。

2. 情境化原则

在线学习环境设计的另一个重要原则是情境化设计原则。情境认知理论宣称，每个人的思维是适应环境的，也就是说，是情境化的。而且，人们所知觉的、所思维的及所做的，是在一个社会化的情境中发展起来的。情境认知理论把关注的焦点从个体转到了社会文化场景及人们在该场景中的活动上，强调知识是在有意义的社会实践活动中逐渐增长的。

情境认知理论将学习视为逐渐参与到实践共同体的活动。学习是参与，是"将注意集中于如下方式：它是个人、个人的行动、世界三者之间的一套发展的、不断更新的关系"[1]。情境并不意味着是某种具体和特定的东西，或是不能加以概括的东西，它强调的是真实性为所发生的社会网络和活动系统。情境认知的突出特点是把个人认知放在更大的物理和社会的情境脉络中，这一情境是互动性的，包含了文化性建构的

---

[1] 戴尔·H.申克. 学习理论：教育的视角[M]. 韦小满译. 南京：江苏教育出版社，2003：133.

工具和意义。

情境认知的观点把关注点放在实践上，但并不否认行为主义和认知主义的观点，而是在一个整合的框架中将二者包容进来。根据格里诺的观点，"按照行为主义技能获得原则组织的学习环境，鼓励学生们在实践中达到熟练的程度，包括重复的学习和操练。根据认知的知识结构原则组织的学习环境，鼓励学生在一般理念和概念之间关系的基础上建构理解。情境认知则从更有效地参与探究和对话的实践来看学习。"[1] 这个观点从实践的视角看待学习，强调通过实践完成概念的理解和技能的获得，实际上是包含了行为主义和认知主义的观点。

若采用情境认知的方法设计学习环境，需要更注重语言、个体和群体的活动、文化的意义和差异、工具以及所有这些因素的互动。按照情境认知的观点，学习将不再仅仅是获得某种东西——知识、技能，而是一种参与。情境原则更强调从更有效地参与探究和对话的实践中来看学习，这些实践包括概念意义的建构和技能的使用。

根据情境认知理论构建的学习环境设计原则可能包括以下各点。

- 基于情境的学习：学习和认知发生在特定的情境中。
- 实践共同体：人们在实践共同体中活动和建构意义。
- 积极参与：认知和活动密不可分，参与活动意味着学习发生。
- 活动中的知识：知识存在于个体和群体的活动中。
- 作为文化资源的工具：工具建构的环境既体现了自身代表的文化历史，也强调了该工具使用的文化信念。
- 范围层面：认知包括个体层面和社会层面二者的动态互动。
- 互动：情境和个体的认知、行为相互影响。
- 身份和自我建构：人们的自我观念是建构出来的。[2]

基于情境认知的学习环境的设计原则主要是可以让学习者参与和认知有关的学习活动，这些活动既包括个体的认知活动，也包括群体的共同实践活动，学习者通过参与获得知识和技能，并建构个人身份和文化认同。

---

[1] 戴维·H. 乔纳森. 学习环境的理论基础[M]. 郑太年，等译. 上海：华东师范大学出版社，2002：69-70.
[2] 戴维·H. 乔纳森. 学习环境的理论基础[M]. 郑太年，等译. 上海：华东师范大学出版社，2002：66-67.

(二)在线学习环境要素分析

和传统教育系统类似,一个在线学习系统是由教和学发生运作的各个部分组成,包括学习者、教学者、学习环境和学习资源等。一个系统的运作框架就组成了系统的构成模式,而系统各要素之间的相互作用则是系统运作的基石。在线学习环境系统中包含的任何一个要素都有可能影响在线学习设计的理念、设计和实施方案以及实施效果,这些要素也是在线学习设计的重要影响因素。本节将重点介绍有关学者对在线学习环境的影响因素和成功要素。

1. 在线学习环境的影响因素

巴德尔在《管理在线学习》一书中详细介绍了设计在线学习环境时需要考虑的问题,指出在线学习环境应该是开放、灵活、分布式学习环境,这个环境包含各种能影响学习者学习的功能因素,各因素之间相互关联、相互依赖。他把这些问题归纳为八个维度,分别是机构、教学、技术、界面设计、评价、管理、资源支持和伦理,如图2-2所示。

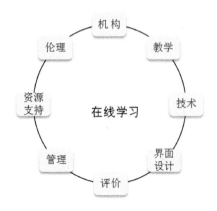

图2-2 巴德尔在线学习环境框架[①]

这八个维度的每个维度下包括若干子维度(见表2-1),每个子维度涉及在线学习环境的某些具体项目或问题。每个维度包含的子问题都代表了在线学习环境设计时需要考虑的一个重要因素。需要注意的是,对这些因素的考量和实施与在线学习的程度有

---

① Khan, B.H. (2005). Managing e-learning: Design, delivery, implementa-tion and evaluation. Hershey, PA: Idea Group Publishing.p14.

关，既可以是从混合式学习，也可以是完全在线学习模式。不同程度下，各个维度占有的权重也会不同，如表2-1所示。

表2-1 E-Learning框架的八个维度[①]

E-Learning维度	说明
机构	机构维度关注的是与E-Learning有关的行政事务、学术事务和学生服务问题
教学	本维度关注的是学习和教学，涉及内容分析、受众分析、目标分析、媒体分析、设计方法、组织和E-Learning的方法策略
技术	本维度针对的是E-Learning环境中的技术设施，包括设施规划、硬件和软件
界面设计	这是指E-Learning程序的总体外观印象，这一维度包括页面与网站设计、内容设计、导航、易用性和易获取性(accessibility)测试
评价	E-Learning评价包括对学习者的测评以及对教学和学习环境的评价
管理	E-Learning的管理是指学习环境的维护和信息发布
资源支持	这是指为了促进有意义的学习而提供的在线支持和资源
伦理	本维度关注的是社会和政治的影响、文化差异、偏见、地域差异、学习者个别差异、数字鸿沟、礼节和法律问题

2. 在线学习环境的成功要素

Siemens首先对37篇现有研究文献进行研究，认为影响在线学习效果的要素有教师、学习者、院校、教学策略、课程设计、内容、媒体七个方面。好的在线学习环境要以学习者为中心，降低花费、高保留率、具有灵活性、增加注册率等，并且学习者和教师之间要保持高连通性。

能够促使在线学习成功的要素包括：教师要对技术持积极态度；对学习过程提供支持；对学习过程持续监控；引导学习者，提供支架；与学习者共同承担责任；具有高信息化素养。学习者需要具有更强的内在动机、自我效能感，并能够为自己的学习负责。学习内容要具有互动性和参与性、拥有国际化的学习情境，并有与实践相关的任务/示例。在媒体要选择合适的并可负担的，使用易于导航的虚拟学习环境/学习管理系统。课程设计上要能够有指导性的结构化讨论，具有明确的目标、灵活的期限、知识与结果有所验证。

在教学策略的设计上要能够采用丰富的教学策略加强教师参与、提供教学支架、

---

① Badrul H. Khan. 开放灵活的分布式学习环境[J]. 张建伟编译. 现代教育技术，2003(4)：11-17.

支持协作工作和社交互动、提供形成性、即时和个性化的反馈。院校要在技术、财务、政策、基础设施、学术上给予支持。

在所有的要素中具有互动和参与性内容、需要同伴之间进行结构化合作、拥有灵活的期限以允许学生自行确定学习速度、持续监控学生进度、在需要时及时提供形成性反馈等是在线课程获得成功的重要因素，如图2-3所示。[①]

(三)在线学习环境的设计要素

设计有效的在线学习环境需要考虑哪些要素呢？最基本的原则是，在设计学习环境时要以学习者为中心，提供学习任务、学习资源，促使学习者进行探究活动，完成全面、有效、高效率的学习任务。穆尔曾指出，"设计有效学习环境首先需要考虑如何最大程度地增强能够促进学生学习的环境要素，最大程度地减少有碍学生学习的环境因素"。[②]因此，了解在线学习环境设计的基本要素是设计在线学习其他环节的关键。本节将重点介绍安德森关于学习环境设计要素的观点。

1. 基于交互的在线学习环境模型

交互特性是在线学习环境的主要功能，良好的交互设计能更好地体现前面提到的情境化原则和问题化原则。在交互理论一节中我们已经介绍了交互的主要类型，在学习环境中如何实现这些种类的交互，是交互设计的重点。安德森曾在六种交互形式的基础上，提出了在线学习的模型，模型主要考虑学习者、教师和他们与内容的交互，如图2-4所示。

该模型包括两种学习方式，一种是以协作学习为主。学习者可以通过多种方式与学习内容直接交互，对很多学习内容的选择是基于学习序列或者教师指导评价的。在一个探究型社区中，学习者可以通过各种基于网络的同步或者异步的学习活动(视频、音频、计算机网络、聊天或虚拟世界)实现交互。这些在线的学习环境可以帮助学习者丰富社会技能、开展协作学习、发展与其他参与者的人际关系。不过这样的学

[①] Siemens, G., Gašević, D., & Dawson, S. (2015). Preparing for the digital university: a review of the history and current state of distance, blended, and online learning. Athabasca University, University of Edinburgh, University of Texas Arlington, University of South Australia.

[②] Moore, M. G. (1998). Introduction. In C. C. Gibson (Ed.), Distance learners in higher education. Madison, Wisconsin: Atwood Publishing.p4.

习环境也会限制学习者的学习时间和学习进度，交互的成本也比较高。

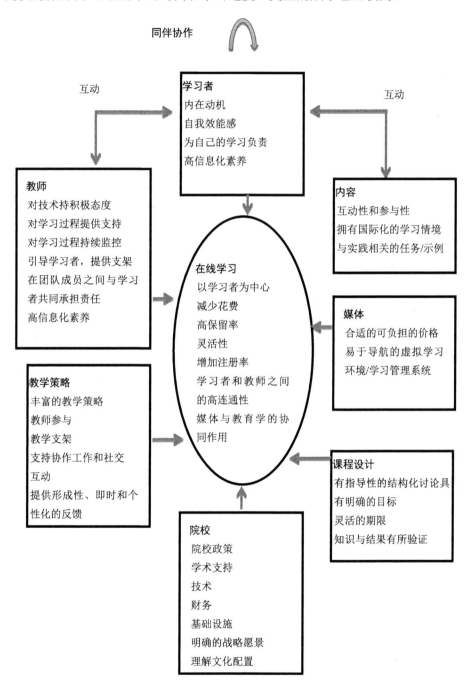

图 2-3 Siemens 在线学习的成功因素分析

第二种学习方式是利用结构化的学习工具开展独立学习活动，包括搜索和检索工具、模拟工具、虚拟实验室、在线文本等。

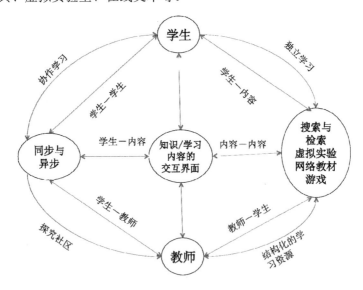

图 2-4 安德森在线学习模型

安德森指出，使用在线学习环境的交互设计模型，要求教师和教学设计者必须在一些关键点上作出决策，合理的学习活动设计将产生良好的学习结果。

2. 学习环境中的内容设计

安德森提出在设计在线学习材料时需要考虑的四个关键要素是学习准备、学习活动、学习交互、学习迁移，如图 2-5 所示。[①]

各种准备活动可帮助学习者做好学习准备并激发他们的学习兴趣，比如提供一些关于该课程的重要性和对学习者有益的相关信息；提供关于该课程的概念图以帮助学习者建立关于该课程的整体框架，并激活和该课程有关的已有知识图式；告知学习者相关的学习结果让他们了解对他们的期望是什么，以便于他们能够衡量自己是否达到了学习目的；提供先行组织者以帮助学习者建立关于该在线课程的组织结构或者在已知内容和需要知道的内容之间建立联系；告知学习者学习该课程所需的先决技能，课程开始前提供自我评估以帮助学习者了解他们是否已经准备好开始课程的学习，具体

---

① Anderson, T. The theory and practice of online learning. Athabasca University Press. 2004.22-24.

如图 2-5 所示。

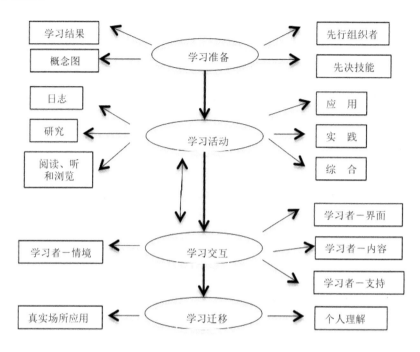

图 2-5　有效学习环境要素

学习活动设计方面，应该为学习者提供一系列学习活动以实现课程需要的学习结果并满足学习者的个体需要。学习活动包括阅读在线文本材料、听声音材料或者浏览视频材料；学习者可以通过互联网进行研究，或链接其他在线资源以获得更多信息；通过准备学习日志可以让学习者反思所学到的东西和个人对该内容的理解；在整个课程的相关材料中嵌入适当的应用练习；一些反馈和实践活动要允许学习者监控自身的表现以便于他们在必要时调整自己的学习方法；可以要求学习者进行课程总结以促进更高层次的信息加工。

在线学习的交互界面要尽可能便于学习者的信息加工。学习者完成的各种学习活动包括与学习内容的交互、与其他学习者的交互和与教师的交互。

学习迁移设计要为学习者提供可以将所学知识用于现实生活中的机会，以促进对知识的深度学习。

在其他研究中，Brown 和 Voltz 提出了设计在线学习(E-learning)的三个要素：学习中要使用的所有内容(培训材料)；让学生直接或间接达到学习目标的体验活动(学习活动、游戏、练习);反馈活动。①

首先是内容(培训材料)的设计,包括整个在线学习期间使用的所有学习材料,例如:一些工作绩效帮助,包括工作说明表、提醒和执行任务的步骤列表;技术文件和手册;流程图和原理图;参考书和手册;编程文本;多媒体计算机程序;计算机辅助教学,程序和其他电子文件。

其次是体验活动(学习活动、游戏、练习)设计,包括所有让学生进行的模拟活动直接或间接达到学习目标的探究活动、促进参与和激发兴趣的活动。

最后是反馈活动(程序化的评论和反思)设计,可以用于加强特定的学习经验、纠正错误、填补遗漏、通知学生学习进度情况、重复某节特定的课程等。

二、技术的功能与选择

乔纳森曾经指出,技术不仅仅是硬件,还应该成为支持学生思考的工具,成为学生学习中的伙伴,应该能够帮助学生参与有意义的学习活动和问题解决。②

(一)技术对学习的支持

技术可以从多个方面促进学习:技术可以在一个学习者的最近发展区中提供模型和对元认知的引导;技术可以用来促进理解;技术还可以帮助学习者可视化表征观点;许多工具也具有为学习者的学习和迁移提供多重情境和机会的潜力;技术可以促进独立学习和协作学习等。

1. 技术可以实现的功能

约翰·D. 布兰斯福特等人的《人是如何学习的》一书中指出,技术可以起到以下作用:"把真实世界的问题带入课堂;提供促进学习的支架和工具;给学习者和教师提供更多的反馈、反思和修改的机会;创建包括教师、管理者、学生、家长和其他

---

① Brown, A. R., & Voltz, B. D. (2005, March). Elements of Effective eLearning Design. The International Review of Research in Open and Distance Learning, 6(1) 217-226. Retrieved May 13, 2008, from the Washington State University database.
② [美]戴维·H.乔纳森. 学习环境的理论基础[M]. 郑太年,等译. 上海:华东师范大学出版社,2002:12-14.

有兴趣的学习者在内的本地的和全球的共同体；扩大教师学习的机会。"[1]

乔纳森则更为具体，从建构主义学习论的视角提出技术对学习的重要作用包括以下几方面。[2]

- 技术作为支撑知识建构的工具
  - 可以表征学习者的观点、理解和信仰
  - 帮助学习者制造结构化的多媒体知识库
- 技术作为探索知识的信息工具
  - 访取需要的信息
  - 比较观点、信仰和世界观
- 技术作为背景支持做中学
  - 描述、模拟有意义的真实世界的问题和情境
  - 出现他人的信仰、观点、意见和故事
  - 定义一个安全的、可控的问题空间给学生思考
- 技术作为社会媒介支持在对话中学习
  - 与他人合作
  - 在共同体的成员中讨论、辩论并达成一致意见
  - 支撑知识建构共同体之间的对话
- 技术作为智能伙伴支持在反思中学习
  - 帮助学习者清楚地表达并呈现观点
  - 反思他们学会的以及他们是怎么学会的
  - 支撑学习者对意义的个人表述
  - 支撑用心的思考

概括上述各种观点，新的媒体技术具有丰富的学习和教学功能，但技术本身并不能保证学习的有效性，还需要充分挖掘其潜力以创建有效的学习环境，这个学习环境要能够促进学习者的主动学习、建构性学习、探究性学习、合作学习、反思性学习，

---

[1] 约翰·D. 布兰斯福特等. 人是如何学习的——大脑、心理、经验及学校[M]. 程可拉，等译. 上海：华东师范大学出版社，2002：230.

[2] [美]戴维·H. 乔纳森. 学习环境的理论基础[M]. 郑太年，等译. 上海：华东师范大学出版社，2002：5.

最终帮助学习者完成知识建构，培养学习者的问题解决能力。

2. 技术支持工具

新的网络技术可以支持问题解决、支持协作和反思、促进认知和知识表征，具体种类如下。

1) 支持问题解决的工具

学习者在面对一定的问题困境，试图弥补问题的裂缝时，如果缺少必要的支撑，将无法形成解决问题适宜的经验结构，此时就需要对学习者的意义形成进行及时的支撑。支持学习者解决问题就是要通过技术帮助学习者把经验组织起来，形成解决问题的适宜结构，使学习者在形成科学理解的最近发展区上得到及时的支撑。比如创设问题情境，促进学习者展开探究活动；为学习者提供必要的事实性知识，以有助于其将认知资源集中于主要任务上；可以提供概念图式，帮助学习者确定解决问题需要考虑的方面并将知识和信息按重要性或层级关系排序或组织；为学习者提供反思和评估自身学习活动的机会；为学习者提供直接的操作性和情境性的经验，以帮助学习者合理有效地运用工具和资源；提供解决问题的专家策略或建议等。

这些支持不仅有助于学习者厘清解决问题的需求，也可以减轻认知负荷，使参与者将注意力集中于更高级的任务，有助于学生在错综复杂的情境中，识别有效策略，形成解决真实问题的能力。

2) 支持协作学习的工具

当代技术支持的学习环境可以采取多种方式来支持学习者的协作，包括浏览网页、电子邮件、BBS、在线聊天、视频会议、博客以及其他各种基于社会媒体的交流。这些协作的学习活动极为重要，因为本质上学习的发生不是孤立的而是共同工作的人们一起解决问题。学习环境应该提供共享的信息获取和知识建构的工具来帮助学习者共同建构可分享的社会知识。当一个学习共同体或者实践共同体解决了某个问题时，也就发展了关于这个问题的共同理念。学习环境为共同体中每个成员贡献的思想提供一个贮存、组织、重新构思的场所。技术支持的协作学习活动可以是主题探究、信息搜集和整理、合作问题解决项目、在线研讨、合作电子创作和发表等。这些支持的重要意义在于学习者在协作学习的过程中可以表达个人见解并趋于达成一致，实现群体知识的共建，并承担更多个人知识建构的责任。

3) 认知支持工具

当学习环境呈现复杂、新颖、真实的任务时，学习者面临的认知方面的挑战也会增加。利用技术可以帮助学习者更好地理解任务、表征个人见解，减少不重要的认知负荷。可视化认知工具可以帮助学习者更好地表征他们所执行的任务或问题，能清晰地表述自己了解的现象。一些建模工具能够提供形式化知识表征，制约学习者思考、分析和组织现象的方式，帮助学习者阐明知识领域中组成概念间的语义排列关系和因果推理。学习帮助类认知工具通过自动化或代替一些低水平任务来卸载学习者的一些认知活动。虚拟现实类或者增强现实类工具通过表征真实世界的现象能够帮助学习者建立对真实世界的理解。

(二)技术选择和技术实现

在线学习的成功与否与所使用的基于各种技术的学习环境紧密相关，在选择和设计在线学习环境时，需要多方面考量技术的适恰性、可获得性、成本等各方面因素，还需要了解技术能够提供的相关性能。

1. 技术选择标准

一个教育机构在启动在线学习项目时会面临很多选择，尤其是随着技术的发展，在线学习管理系统和 MOOCs 平台的种类也更多，如何选择适合组织的在线学习需求的技术支持也就成为非常重要的议题了。托尼·贝兹曾提出开放学习中选择技术的 ACTIONS 模式，按重要程度考虑因素如下。[①]

- 获得途径(Access)：目标学习者是否能够方便地使用这类特殊技术？
- 成本(Costs)：每种技术的成本如何？每个学习者为此支付多少费用？
- 教与学(Teaching and learning)：需要何种类型的学习？什么样的教学方法能够满足这些需要？支持教和学的最好技术是什么？
- 交互与便利(Interactivity and user-friendliness)：这种交互方式能够实现何种类型的交互？是否便于使用？
- 机构问题(Organizational issues)：机构要求必备的条件是什么？为了技术能

[①] 托尼·贝兹. 技术、电子学习与远程教育[M]. 祝智庭主译. 上海：上海高教电子音像出版社，2008：50-65.

够成功应用，需要消除哪些障碍？机构需要做什么改变？
- 新颖性(Novelty)：这一技术有多新？
- 速度(Speed)：利用该技术，课程启动速度如何？材料改变的速度如何？

可获得性需要考虑的问题是学习者所拥有的网络配置情况，包括网速、使用设备、对不同系统的适应程度、是否方便使用等，还需要考虑学习者自身的信息技术能力水平。

成本因素需要考虑的问题包括开发、设计、实施和维护课程的成本，也包括对在线学习者学习支持的成本，还包括学习者自身的学习成本核算。

教与学的要素是最为复杂的要素，要结合学习需求、学习目标和学习内容综合考虑，但在选择时往往会和成本、便利性等要素一起考虑。

交互性和便利性要素需要考虑的是这些技术可以支持哪些类型的交互？是否便于学习者和教师使用。交互性和便利性是选择技术时最重要的准则。

机构问题涉及组织的战略规划和变革，尤其是在推广在线学习初期阶段，需要评估可能带来的风险，包括需要的基础设施的水平、新技术的使用和推广程度等。

新颖性因素需要考虑技术的更新换代情况，尤其是使用的技术是否具有更好的性能。

速度因素需要考虑一个在线课程开发和投入使用的时间。

ACTIONS 模型是决策者或教育机构在启动一个在线学习项目时进行评估和抉择的最佳模型，涉及包括媒体和技术在内的各个方面的问题。

2. 技术实现的系统性能

一个良好的在线学习项目可以提供各种引导学习的性能，但需要把这些性能有机地整合起来以实现其学习目标。在线学习性能能否有效，很大程度上依赖于它们是如何有机整合的。在线学习环境能够实现的基本性能包括易用性、交互性、多元化的专长(multiple expertise)、协作性、真实性、学习者控制、便捷、自成一体(self contained)、在线支持、课程安全、经济有效、正式/非正式的环境、在线评估、在线搜索、可全球访问、跨文化互动、无歧视，等等。[①] 表 2-2 中列出了一个有效的在线学习环境所需的性能和技术支持。

---

① Badrul H. Khan. 开放灵活的分布式学习环境[J]. 张建伟编译. 现代教育技术，2003(4)：11-17.

表 2-2　在线学习环境的性能和技术成分[①]

在线学习特征	技术成分	与开放灵活分布式学习环境的关系
易用性	标准导航系统；常见的用户界面、搜索引擎、浏览器、超链接等	一个设计良好的在线学习课程应具有直观界面，可以预见学习者的需求和满足学习者自然探索未知世界的好奇心。此功能可以大大减少学生的挫败感，生成一个用户友好的学习环境。然而，系统的延迟响应也可能增加用户的挫折感。在线学习课程的超媒体环境允许学习者探索和发现最适合自身需求的学习资源。需要注意的是，这种方式在促进学习的同时，学习者可能会由于可获得的资源太广泛而难于专注于一个主题。另外，有些信息可能会因为连接问题而不能访问
交互性	网络工具、超链接、浏览器、服务器、编写程序、教学设计等	交互是在线学习中最重要的教学活动。基于在线学习的参与理论强调学习者必须通过与他人的交互和有意义的任务方式有效地从事学习活动。在线学习的学习者可以与其他学习者、教师和在线资源进行交互。教师和专家是交互活动的促进者，可以通过同步和异步交流的方式提供支持、反馈和指导
多元化的专长	互联网	在线学习课程可以使用来自世界各地的各个领域的外部专家作为客座讲师。直接来自专家的经验和教学对学习者极有利
协作性	网络工具，教学设计等	在线学习环境创建了一个合作、对话、讨论、交换和沟通的媒介。协作可以让学习者们一起工作和学习，一起实现共同的学习目标。在一个协作的学习环境中，学习者可以体验组织成员在各种问题上的多个视角，发展社会技能、沟通能力、批判性思维、领导力、协商能力、人际关系和合作技能
真实性	互联网，教学设计等	网络会议和协作技术可使学习者有机会接触到真实的学习和问题场景。在线学习课程可以设计与学习者相关的现实世界问题的真实学习环境。在线教育最重要的方面是它打破了教室和真实世界的壁垒
学习者控制	网络工具、编写程序、超链接、教学设计等	网络环境允许学生选择是积极参与讨论或只是旁观，在线学习使学习者可以控制学习内容、时间、反馈和用各种媒体表达理解。这有助于学习者的责任和主动性，拥有学习的主动权。学习者自控功能对探究性学习有益，但可能产生迷失在网络和不满足学习者期望的风险，需要强大的教学支持

---

① Khan, B.H. (2005). Learning features in an open, flexible, and distributed environment. AACE Journal, 13(2), 137-153.

在确定技术的属性时，我们参考了巴德尔提炼的系统关键属性，结合前面所提到的选择标准和技术属性，如果从学习者的角度出发，在设计在线学习环境时需要重点考虑下列问题。

(1) 学习者获得性：学习者可以获得该技术的途径，包括用户能容易获得系统中的资源(如数据、信息、帮助、引导)的程度。

(2) 可用性：学习者感觉系统很容易和直接使用的程度。

(3) 交互性：系统可以提供的交互类型以及交互的程度。

(4) 多样性：系统适应学习者的技能水平、知识水平和技术能力的程度。

(5) 相关性：系统提供的信息和指导与学习者的学习目标和需要相关的程度。

(6) 拓展性：系统允许用户进行增加、修改和改善信息、工具和资源的程度。

(7) 适恰性：系统能够提供的教学模式和策略与教学目标的一致程度。

(8) 反应性：系统能够对学习者的要求及时和精确反应的程度。

这些属性对设计在线学习中的学习资源、交互、学习任务具有重要的指导意义。

三、在线学习技术的发展

随着网络技术的发展，尤其是基于 web 2.0 的网络应用层出不穷，支持在线学习环境的技术平台更为多样，普及率也在逐年提高。目前应用最为普遍的是各类课程管理系统(Courses Management System)和学习管理系统(Learning Management System)，尤其是基于开放源代码的学习管理系统在教育领域占有极大份额。另外，随着开放教育资源运动的不断深入，尤其是近期大规模开放在线课程的热潮，各类在线课程平台也在不断发展。同时，各种社会媒体的教育功能也正在整合到各种在线学习环境中。这些技术的开发和使用促进了在线学习环境的低成本、获得性、便利性、交互性和多样性等特征，能够更好地支持在线教学和学习。

(一)学习管理系统

学习管理系统(Learning management system，LMS)已经成为目前高等教育主要在线学习平台，Blackboard、Moodle、Saikai、Canvas 等各种学习管理系统得到了广泛应用，在高等教育领域占有绝大多数市场份额。各类 LMS 能够提供的同步和异步功能，并能够整合社会媒体，构建了与传统课堂完全不同的学习空间。

1. LMS 的学习功能

学习管理系统具有课程开发、课程教学工具功能、评价管理功能和用户管理功能。[①] 以 Moodle 为例，主要的异步学习功能要素如下所示。

- 信息发布：能够为学习者提供最新的教学信息、教师提醒。
- 大纲：提供学习课程计划和授课安排、需求、目标等。
- 日历和学习安排表：教学安排时间表，各项任务的截止日期等。
- 电子邮件：提供学习者之间、学习者和教师之间的学习联系渠道。
- 课程：按照主题或者时间组织的教学内容。
- 讨论区：支持分组讨论，可在讨论区上传与下载附件资料，可订阅论坛 RSS 具备搜索功能。
- WIKI：合作小组成员可以分享和编辑的在线创作空间。
- 博客：个人发表文章、观点和评论的在线空间。
- 测试和问卷：对学习者学习的形成性评价手段，可以用于自我评估。
- 作业：学习者需要完成的在线作业。
- 档案袋：收集学习者的注册课程。
- 工作组：特定分组的成员可以在线贡献、评论和工作的空间，需要教师开放权限。
- 社会网络：学习者相互进行发帖、沟通的应用。

主要的同步学习功能要素包括下列各点。

- 聊天室：实时在线聊天的空间。
- 实时教室或者会议：教师和学习者可以同时在线进行语音和视频交流的空间，可以分享屏幕、演示和记录。

还有一些辅助的支持功能要素包括以下各点。

- 资源库：为学习者提供丰富的多媒体学习资源及在线教学资源。
- 学习空间：反映学习者信息与学习情况，供教师了解学习者的情况。
- 检索：快速查询自己需要的教学信息和资料。
- 书签：记录学习者的学习轨迹，方便学习者快速查找资料。

---

① 张一春. 精品网络课程设计与开发[M]. 南京：南京师范大学出版社，2008：6-7.

- 导航：指导平台系统的使用，并给学习者提供帮助。

学习管理系统的学习功能和其能提供的学习任务的类型有关，以上这些技术为学习者构建了多种功能的虚拟学习环境：教学空间、文件空间、信息空间、通信空间、合作空间、探究空间、多媒体空间、超文本空间、模拟空间和虚拟现实空间。[①]这些空间是灵活的、开放的、不确定的，可以满足教师的讲授、知识管理、学习者的表达和交流、探究性活动、模拟训练、合作学习等多种模式的需求。

2. 新一代LMS的主要特征

美国新媒体联盟(New Media Consortium，NMC)于2017年2月发布了《地平线报告》(2017高等教育版)。其中，下一代数字学习环境(Next Generation Digital Learning Environment，NGDLE)这一学习技术首次进入重大技术进展之列，并被划分为将在未来2～3年内驱动高等教育的技术规划和决策的中期发展，具有巨大发展潜力。

新一代学习管理系统，又被称为下一代数字化学习环境，是指支持个性化学习、满足全球通用设计标准、在形成性学习评价中发挥重要作用的更灵活的学习空间。下一代数字学习环境应该具备可交互操作性、个性化、分析建议和学习评价、合作、可获得性和通用设计等属性，可以提供积木式的方法，让用户灵活创建学习环境，从而满足机构和个人的独特需求。[②]

1) 组块化

新一代的学习管理系统是一个生态系统，由学习工具和学习组件组成。系统的功能不再千篇一律，可以进行组块化设计，强调灵活性和可变性，学习者和教师可以创造和定制个人教学方式和学习环境，以满足更具体的学习需求。以标准和最佳实践为基础，NGDLE支持基于组件的架构，并以此鼓励新方法的探索和新工具的开发。

2) 标准化

新的数字学习环境将遵循既定的通用标准，传统的LMS或其他类似提供管理功能的系统可能仅作为教学系统的一个组成部分。所有组件采取通用格式，以满足各系统之间内容的交换、转移和使用；也更方便用户快速便捷地将工具添加到环境中；各

[①] 奥托·彼得斯. 转型中的远程教育——新的趋势和挑战[M]. 丁兴富译. 上海：上海高教点知音像出版社，2008：91-101.

[②] 金慧，胡盈滢，宋蕾. 技术促进教育创新——新媒体联盟《地平线报告》(2017高等教育版)解读[J]. 远程教育杂志，2017，35(2)：3-8.

种数据可以有效搜集、整合并分析，保持一致性。

3) 个性化

个性化体现为新一代的学习环境能够为学习者提供个性化、有针对性的辅导和建议。一些适应性学习工具和学习分析工具将发挥重要作用。个性化也体现为系统本身可以针对个人用户和学术部门量身定制。

4) 评测性

未来的学习管理系统的分析、诊断和评估功能将更为强大。对学习者及其背景有关数据的测量、搜集、分析更为全面，通过分析不同形式的学习数据，对学习者的学习能力进行评估，并总结可用信息，是未来学习环境的重要组成部分。

5) 协作性

未来的学习环境能够打破时空界限实现轻松合作，完成有效学习，可以支持多层次的协作，并且可以在个人私有空间和公共数字空间之间轻松切换。另外，需要嵌入更好的创建内容工具，为学习者提供在整个学术生涯中持续存在的个人空间(可能还有职业生涯)。

6) 获得性

未来的学习环境将确保所有的学习者和教师能够参与、获取内容以及有能力创建可访问的学习工具和组件。通用设计是获得性的基础，指的是对产品或环境进行的设计能够最大限度地被每一个人使用，而不需要专门适应。用户可以直接使用自己选择的应用程序进行聚合并连接内容和功能，并由"云计算空间"提供支持。

(二)大规模开放在线课程(MOOCs)

MOOCs 等新型开放在线课程和学习平台在世界范围迅速兴起，给高等教育教育教学改革发展带来了新的机遇和挑战。由在线学习推动的新兴教育模式，也使高等教育产生了根本性的变化。MOOCs 秉承了开放教育资源的知识共享理念，并成功实现了优质教育资源在全球范围内的共享。目前以 MOOCs 为母版的各类网络课程形式层出不穷，教和学的方式也从完全自主的在线学习向翻转课堂、混合式教学等方面拓展。

1. MOOCs 介绍

MOOCs 的概念在 2008 年由加拿大学者 Dave Cormier 和 Bryan Alexander 提

出[①]，同年 9 月，第一门真正的 MOOCs 课程上线。2011 年秋，MOOCs 在美国迅速崛起并引起各界的广泛关注，有媒体称 2012 年为"慕课元年"。目前美国已陆续推出 Udemy、Coursera、Udacity、edX、Canvas 等在线教育平台。2012 年，英国 12 所顶尖高校联合英国文化委员会、英国图书馆等以英国开放大学为主体推出了 FutureLearn。2013 年，澳大利亚开放大学推出了 Open2Study 平台，德国面向全球推出 iversity 平台。我国目前已拥有学堂在线、爱课程、好大学联盟等多家 MOOCs 平台。

综合来看，开发 MOOCs 的目的体现在三个方面。首先 MOOCs 具有深远的影响力，例如，某一具体课程可提高公众对此主题的认识；其次 MOOCs 可用于提高专业技能，使学习者拥有更多在专业领域的实践机会；最后，MOOCs 可增加人们获得教育的机会，同时还提高了 MOOCs 的全球影响力。

当然，在 MOOCs 迅速发展的同时，像其他网络教育形式一样，也存在着教育质量无法保障、辍学率极高等问题。首先 MOOCs 的质量很难保障，现有 MOOCs 平台中将"停屏练习""课后作业""线上论坛""作业互评"等多种互动元素融入其中，以此来提高学员的参与度及学习效果，但最终授课的效果可能会不尽如人意。其次教学模式单一，目前 MOOCs 平台教学模式相对单一，教学活动主要是观看视频、资料阅读、讨论交流、提交作业等，基本延续了传统课程结构与教学流程，注重学科内容固有的知识体系和逻辑结构，缺少实践和探究的过程。

MOOCs 提供的学习方式与学习管理系统中的在线课程有所不同，更常见的是提供学习目标、主题以及相关的资源列表，引导学习者实现目标，而不是需要学习者完成具体的学习内容。因此，MOOCs 中的学习者需要有更强的自主学习能力，学习者还需要发展或扩大个人的学习网络。更重要的是，MOOCs 提供了可以和世界各地学习者学习、交流和联系的机会。

2. MOOCs 平台的学习功能分析

作为一种新型开放课程类型，慕课提供了新的开放课程资源与学习方式，构建了

[①] McAuley, A., Stewart, B., Siemens, G., and Cormier.D., "The MOOC model for digital practice", University of Prince Edward Island, Social Sciences and Humanities Research Council's Knowledge synthesis grants on the Digital Economy(2010).http://davecormier.com/edblog/wpcontent/uploads/MOOC_Final.pdf.

一个学习生态系统,由社会环境、技术环境和教学环境组成,一个慕课学习系统如图 2-6 所示。

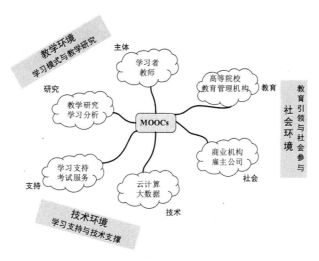

图 2-6 慕课学习系统[①]

MOOCs 平台的组成要素一般包括平台界面、课程内容、学习活动、学习评价、学习支持等。下面以 FutureLearn 为例,介绍 MOOCs 平台的主要功能。

管理模块:一般出现在登录的界面中,包括宣传标语、注册/登录、课程分栏、选课信息等常规信息。

学习动态:呈现出本门课程的周课时框架,包括学习列表、相关活动和学习进度。学习列表可显示所有的学习步骤,学习者可以自行选择某一步骤开始学习;相关活动会呈现相关的评论,按照时间顺序进行排列;学习进度中可看到已标记为完成的课程步骤的百分比。如图 2-7 为 FutureLearn 平台上"跨文化交际"的课程待学习列表(To do)的界面。

学习活动:学习活动按周进行划分,每周包含若干个学习单元,单元内是具体的学习步骤,可以是阅读、视频、音频、讨论、测试、考试、练习及和同伴互评等不同类型,可根据具体的内容和框架进行设计和调整。学习活动既包括自主学习活动和协作学习活动,也包括评价的相关内容。

---

① 王萍. 大规模在线开放课程的新发展与应用:从 cmooc 到 xmooc[J]. 现代远程教育研究,2003(3):13-19.

图 2-7 FutureLearn 平台课程待学习列表模块(To do)

社交活动：除了专门的讨论区以外，学习者在学习过程中还可随时对大部分步骤内容添加评论，阅读他人的评论内容，与其他学习者或者课程教师进行对话。当看到有意思的评论时，可以点赞。

学习支持：在 FutureLearn 平台上，学习支持服务可以归纳为课程介绍、学习提醒、进度监控、学习帮助和证书授予五类。

3. MOOCs 的分类

最常见的分类体系是 cMOOC 和 xMOOC。2008 年，第一门 MOOCs 的创始人，加拿大学者 Dave Cormier 与 Bryan Alexander 在提出慕课概念的同时，提出 MOOCs 是基于连通主义的学习理论，后来学者称之为 cMOOC。cMOOC 的理论基础是连通主义学习理论，即知识是网络化联结的，学习是连接专门节点和信息源的过程。[①] Siemens 指出，cMOOC 的核心包括连通主义、知识建构、师生协同、分布式多空间

---

① George Siemens(2005). Connectivism: A Learning Theory for the Digital Age. Instructional technology &distance learning, 2(1).

交互、注重创新、同步与共鸣、学习者自我调节等。① cMOOC 将分布于世界各地的授课者和学习者通过某一个共同的话题或主题相联系,学习者通过交流、协作、构建学习网络,建构知识。②

2011 年在美国发展起来的 Coursera、Udacity、edX 等 MOOCs 平台中建设的课程被称为 xMOOC。xMOOC 更接近于传统教学过程和理念,和在线学习管理系统的课程设置和实施类似。一般由教师定期发布课件、作业、授课视频,学生自主和协作学习,完成相关的学习任务。

但也有学者认为这样的分类太简化,克拉克(Clark)提出一个 MOOCs 分类标准。③

- 转换 MOOCs:将现有课程转成 MOOCs。
- 创作 MOOCs(madeMOOCs):更加创新,有效利用视频和交互材料,注重质量。
- 同步 MOOCs(synchMOOCs):固定开始和终止的日期。
- 异步 MOOCs(asynchMOOCs):不固定起止时间,作业的截止日也更为灵活。
- 适应性 MOOCs(adaptiveMOOCs):基于课程中的数据和动态评估提供更为灵活的个性化学习经验。
- 群组 MOOCs(groupMOOCs):关注小组中的协作。
- 连接 MOOCs(connectivistMOOCs):强调网络同伴之间的联系。
- 迷你 MOOCs(miniMOOCs):比传统 MOOCs 的规模要小很多。

受 MOOCs 影响,衍生的其他类型课程类型还有以下种类,在此不做论述。

- SPOC(Small, Private Online Courses):"私播课"。
- DLMOOC(Deep Learning MOOCs):深度学习公播课。
- MobiMOOC(Mobile MOOC):移动公播课。
- MOOL(Massive Open Online Labs):大众开放在线实验室。
- DOCC(Distributed Open Collaborative Course):分布式开放协作课。

---

① George Siemens.What is the theory that underpins our moocs? Retrieved July 1, 2014, from http://www.elearnspace.org/blog/2012/06/03/what-is-the-theory-that-underpins-our-moocs/.
② 焦建利,王萍. 慕课(互联网+教育时代的学习革命)[M]. 北京:机械工业出版社,2015.
③ Clark, D. (2013). MOOCs: Taxonomy of 8 types of MOOC. Donald Clark Paln B. Retrieved 9 May 2016 from http://donaldclarkplanb.blogspot.co.uk/2013/04/moocs-taxonomy-of-8-types-of-mooc.html.

- PMOOC(Personalized MOOC)：个性化公播课。
- MOOR(Massive Open Online Research)：大众开放在线研究课。

4. MOOCs 的质量评估体系设计原则

慕课的设计与课程的研究主要关注的焦点是简化学习过程与提高学习质量，了解学习者的个性化需求与目标。唐斯(Downes)曾提出分析 MOOCs 质量的四个标准：自主性、多样性、开放性和交互性。①

卡农(Conole)则更为具体，提出评价 MOOCs 质量的 12 个维度：开放的程度、参与的规模(大众化)、使用多媒体的数量、交流的数量、合作的程度、学习者路径的类型(从学习者中心到老师中心)、质量保证的水平、鼓励反思的程度、正式或非正式学习、自主性和多样性。②美国的 John R. Drake 等基于教学理论与信息系统理论，结合一个慕课案例，提出了设计有效慕课的理论框架，认为慕课的设计主要有五个原则：有意义、参与性、可测量、可获得、可分级。

慕课设计要充分考虑在线学习的设计原则，注重参与性、强调有意义的学习、提高可获得性和交互性、可以分级和个性化。卡农(Conole)指出，优秀的设计应该鼓励反思、加强对话、促进合作、学习的理论应用到实践、创造同伴社区、激发创造力、激励学习者。为此，他提出了一个 7C 学习设计框架，旨在为教师提供所需的指导和支持，从而有效利用新技术作出更有教学意义的设计决策。7C 包括概念化(Conceptualise)，确定课程的愿景是什么；捕捉(Capture)，资源核定；沟通(Communicate)，促进沟通的机制；协作(Collaborate)，促进合作的机制；考虑(Consider)，评估策略；合并(Combine)，设计的总体观点；综合(Consolidate)，在真实的学习环境中对设计进行实施与评估。③

---

① Downes, S. (2013). Week 2: The Quality of Massive Open Online Courses by Stephen Downes. MOOC Quality Project: perspectives on quality of MOOC-based education.
② Gráinne Conole(2013). MOOCs as disruptive technologies: strategies for enhancing the learner experience and quality of MOOCs, Revista de Educación a Distancia, vol 39, pp 1-17, Retrieved from http://www.um.es/ead/red/39/conole.pdf.
③ Gráinne Conole(2013). MOOCs as disruptive technologies: strategies for enhancing the learner experience and quality of MOOCs, Revista de Educación a Distancia, vol 39, pp 1-17, Retrieved from http://www.um.es/ead/red/39/conole.pdf.

(三)社会媒体

社会媒体(Social Media),也称社交媒体、社会性媒体,指的是用于将传播转变为交互式对话的网络和移动通信技术。卡普兰(Kaplan)定义社会性媒体是"建立在 web 2.0 的思想和技术基础上的一组基于互联网的应用程序,允许对用户生成的内容进行创造和交换"。[①]Kietzmann&Hermkens 指出,基于无所不在的可获得性和可扩展的通信技术,社会性媒体实质上已经改变了组织、社区以及个人的沟通方式。[②]如今,越来越多的用户利用社会性媒体创建、修改、分享和讨论网络内容。随着社会媒体技术的普及,其类型也将层出不穷。从早期流行的博客到近年火爆发展的微博、微信,各种类型的社会媒体正逐渐渗透进我们的日常生活、工作和学习中。基于各种社会媒体的在线学习正渗透到教学、学习的各个环节,其技术特征和学习特性对促进交互和个性化学习都具有极大的潜质,也可能引发未来学习方式和学习内容的变革。

1. 社会媒体的发展和应用现状

各类社会媒体的普及速度之快是令人难以想象的。社会媒体已实现了用户间随时随地的连接,随着用户数的不断增加,这种连接将成为重要的人与人之间的联系手段。卡普兰(Kaplan)将目前的社会媒体分为六类:合作项目(如 Wikipedia),博客和微博(如 Twitter),微博、内容社区(如 Youtube、土豆、优酷),社交网站(如 Facebook、开心网、人人网),虚拟游戏世界(如魔兽世界),虚拟社会(如第二人生),目前社交网站和博客类媒体的用户数最多。[③]

社会媒体的技术特性改变了人们处理信息、交流和相互学习的方式,这些技术上的变化进而会改变人们的行为、交互和知识获得的途径。人们通过这些网络可以随时随地联系,也可以通过私属的在线个人网络空间发布信息或与他人交流。社会媒体工具促进了人们之间的交互、合作和贡献。社会媒体的发展势必引发人们交流方式的变

---

① Kaplan, Andreas M.; Michael Haenlein (2010). "Users of the world, unite! The challenges and opportunities of Social Media". Business Horizons 53 (1): 59-68.
② Kietzmann, Jan H.; Kris Hermkens, Ian P. McCarthy, and Bruno S. Silvestre (2011). "Social media? Get serious! Understanding the functional building blocks of social media". Business Horizons 54 (3): 241-251.
③ Kaplan, Andreas M.; Michael Haenlein (2010). "Users of the world, unite! The challenges and opportunities of Social Media". Business Horizons 53 (1): 59-68.

革。随着智能化手机的普及，社会媒体的手机化正在成为趋势，不但使用方便，也使诸如微博、社交网站的使用更为普及。越来越多的学习者已建立自己的社会媒体账户，并利用社会媒体在自己感兴趣的社区中建立更为紧密的人际关系。随着社会媒体的迅猛发展，基于社会媒体开展学习在技术和应用基础上已经趋于成熟。

2. 利用社会媒体开展学习的研究现状

随着社会媒体在学生中逐步普及，使其用于教学或学习成为可能。从目前对社会性媒体用于学习的实践研究分析可知，目前所研究的媒体主要集中在博客、微博、社交网站、Wiki 等方面，也有部分研究针对特定的学习型社会媒体而展开(如个别写作型软件)。

实证研究结果多数表明，经过合理的设计和组织，学生利用社会性媒体开展的学习行为可以产生并能在促进理解、相互帮助和社会交流等方面获得积极效果。目前，国外基于社会媒体的应用学习研究主要是一些具体的案例分析和使用调查研究。英国联合信息系统委员会支持把流行和通用的社会性软件用于教育中的项目，以提高学习的相关性、积极性和从事工作的水平。特里·弗里德曼(Terry Freedman)曾搜集了 60 个社会性媒体用于教和学的实践项目，包括幼儿教育、中小学教育、大学教育等各个阶段。研究结果表明，Web 2.0 软件的使用，对学生的学习有一定帮助。[1]另外，Ben Lowe and Des Laffey(2011)研究了如何利用 Twitter 开展《营销学》课程的学习，该案例中，通过对学生使用 Twitter 来促进课程学习的经验评价，表明 Twitter 不仅能帮助学生理解营销学的基本概念，而且还能帮助他们理解了市场营销者使用新技术的价值所在。通过对学生的深度访谈和问卷调查了解到，学生对 twitter 的使用持积极态度。[2] Nathaniel J. Payne 等人研究了 YouTube 用于学习的情况。该研究中，学生不仅圆满地完成了学习任务，调查研究表明学生的学习动机、敬业精神、团队管理和沟通能力都有所提高。[3]David Kaufer 等探讨了一种新的写作软件——Classroom Salon 用于写作

---

[1] Freedman,T.(ed)(2010). The Amazing Web 2.0 Projects Book. http://www.ictineducation.org/db/web2/.
[2] Ben Lowe and Des Laffey(2011), Is Twitter for the Birds? : Using Twitter to Enhance Student Learning in a Marketing Course. Journal of Marketing Education 33(2)：183-192.
[3] Nathaniel J. Payne, Colin Campbell, Anjali S. Bal and Niall Piercy(2011),Placing a Hand in the Fire: Assessing the Impact of a YouTube Experiential Learning Project on Viral Marketing Knowledge Acquisition.Journal of Marketing Education33(2)：204-216.

课的情况。①通过互相修订草稿，学生之间围绕文本创建了交互社区，也改变了原有写作课堂中的状态。Shannon B. Rinaldo 等人研究了 Twitter 作为教学工具的情况，研究表明教师可以使用 Twitter 和学生交流课程中的主题和案例，可以快速回复学生的问题，开展和课程相关的管理工作。学生也对教育目标认识得更清楚，感觉为未来职业的准备更充分。②

在目前的研究中，虽然有很多社会媒体应用于学习的成功案例，但如何能更好地理解社会媒体的性质以及在社会媒体环境中的学习特性，并把二者有效结合还需要更有力的研究证据。目前的研究初步证明了社会媒体在促进学生的社会交际、分享知识、建构意义方面取得了一定的效果，但到目前为止，对基于社会媒体互动学习的理论和实践研究较少。Ravenscroft 等人在 2008 年就曾指出，由兴趣组成的社区和由学习任务组成的社区特性并不相同，社会性软件和教育的结合存在错位，很难确定学生的交互行为是由于学习任务还是兴趣所致。③因此，对社会性媒体环境下的互动行为的学习特性仍需要做更深入的研究。

---

① David Kaufer, Ananda Gunawardena, Aaron Tan and Alexander Cheek(2011). Bringing Social Media to the Writing Classroom: Classroom Salon. Journal of Business and Technical Communication 25(3)：299-321.
② Shannon B. Rinaldo, Suzanne Tapp and Debra A. Laverie(2011). Learning by Tweeting : Using Twitter as a Pedagogical Tool. Journal of Marketing Education 33(2)：193-203.
③ Ravenscroft A., Sagar M., Baur E. & Oriogun P. (2008) Ambient pedagogies, meaningful learning and social software. In Social Software & Developing Community Ontologies (eds. S. Hatzipanagos & S. Warburton) pp. 432-450.

第三章 在线课程设计与开发模式

在线课程的设计和开发以教学设计理论、在线学习理论和课程开发理论为基础，又因技术特征和传播方式的特殊性具有其独特性。在线课程设计意味着试图找到一种最佳方案，把教学内容和过程从面对面课堂教学模式重建为在线教学模式，其中需要考虑的问题包括课程设计的基本要素、基本策略和主要流程。本书将从课程设计开发的基本理论入手，分析不同价值取向的课程设计的侧重点和策略，在此基础上讨论在线课程设计要素、开发模型以及设计方案。

一、在线课程设计的理论基础

课程设计是指"拟定一门课程的组织形式和组织结构，它决定了两种层次的课程编制的决策。广义的层次包括基本的价值选择，具体的层次包括技术上的安排和课程要素的实施。"[①]课程设计所表现出来的特点和倾向性，取决于设计者自身对课程本质、学习本质等问题的价值取向。

(一)课程设计和开发的理论研究

同学习的概念一样，课程也没有比较统一的概念。对课程的不同界定，代表了设计者所持有的不同价值取向。不管是持什么样的价值取向，在课程设计时都要回答关于课程价值取向的关键问题，即课程的目的和内容、课程组织、课程实施和课程评价，这些问题也代表了课程设计时需要考虑的基本要素。

1. 早期的课程开发理论

早期的课程设计和开发深受行为主义心理学的影响，富兰克林·博比特以桑代克等行为主义心理学理论为基础，建立了基于行为主义的活动分析方法和从分析中获得

---

① 江山野. 简明国际教育百科全书. 课程[M]. 北京：教育科学出版社，1991：156.

具体目标的课程开发模式。[1] 博比特强调课程设计的科学化，最科学的方式是通过对人类社会活动的分析，发现社会所需要的知识、技能、能力和态度等，以此作为课程的基础。[2] 这种把人类活动分析成具体的、特定的行为单位的方法，即"活动分析法"，成为后来行为主义取向课程设计的基础。行为主义课程开发的另一个代表人物查特斯在《课程编制》中也提出了类似的课程编制方法。在《课程编制》一书中查特斯指出，课程开发"首先必须制定目标，然后选择课程内容，在选择过程中，必须始终根据目标对课程内容进行评价"。按照查特斯的观点，课程开发的步骤包括下列各点。[3]

- 通过研究社会背景中的人类生活，确定教育的主要目标。
- 把这些目标分析成各种理想和活动，然后再继续把它们分析成教学工作单元的层次。
- 将被分析成教学工作单元的理想和互动，按其重要性排列次序。
- 把对儿童有较大价值，而对成人价值不大的理想和活动提到较高的位置。
- 删除在校外能学得更好的理想和活动，然后确定在学校教育期间能够完成的最重要的理想和活动。
- 搜集处理这些理想与活动的最佳实践措施。
- 根据儿童心理特征安排这些理想活动，以便通过一种适当的教学顺序来获得它们。

博比特和查特斯的课程开发理论和分析方法对泰勒启发很大，为后来的课程设计和开发研究奠定了基础。

2. 课程设计与开发的基本问题

拉尔夫·泰勒结合博比特和查特斯的课程编制思想，提出了著名的泰勒原理，强调课程的组织和实施一定是对教学目标的体现。泰勒(Tyler)曾指出开发任何课程都需要回答四个基本问题。[4]

---

[1] George J. Posner. 课程分析[M]. 仇光鹏，等译. 上海，华东师范大学出版社，2007：58-59.
[2] 施良方. 课程理论——课程的基础、原理与问题[M]. 北京：教育科学出版社，2002.
[3] 丛立新. 课程论问题[M]. 北京：教育科学出版社，2000：33-34
[4] 泰勒. 课程与教学的基本原理[M]. 施良方译. 北京：人民教育出版社，1994：1-3.

- 学校试图实现什么教育目标？
- 要提供什么教育经验以便能实现这些目标？
- 如何有效地组织这些教育经验？
- 如何确定这些目标正在得以实现？

对这四个问题可以归纳为确定教育目标、选择教育经验、组织教育经验和评价教育计划，是现代课程设计和开发的主要分析范畴和基本步骤，之后的课程理论基本都是围绕这四个问题展开讨论的。[①]泰勒模式对教育目标的强调、追求理性科学化的开发过程，确定了课程开发的基本思路和范围，为后期的课程设计与开发理论奠定了基础。泰勒原理不但明确了课程开发时需要考虑的行为目标，还强调评价课程对学生行为产生的影响，对后来的课程开发影响深远。

波斯纳更多从学习者的视角出发，指出任何课程理论都需要具体回答以下问题。[②]

- 学习是如何产生，又如何被促进的？
- 什么样的学习目标有价值？它们应该如何表达？
- 什么样的内容最重要？这些内容应该如何组织起来用于教学？
- 教育过程应该如何评价？
- 大致来说，学校教育和社会现在是什么关系？应该是什么关系？

波斯纳认为，对以上问题的回答代表了不同的价值取向，这些问题构成了现代课程研究的基本理论，也是探讨课程问题的重要框架。

(二)课程设计的理论视角

结合心理学的相关研究，本书将课程设计取向主要分为行为主义、认知主义、建构主义和联通主义四种。每一种视角都代表了一种具体的关于教育的假设，课程设计的侧重点也各不相同。行为主义取向的课程设计更关注对课程目标的设定和评价；认知主义取向的课程设计提倡以核心概念为主的课程内容的选择和组织；建构主义取向的课程设计更强调学习者的主动知识建构的任务设计；联通主义取向的课程设计强调学习者与他人的互动。四种课程设计理论均可从不同方面为在线课程的设计提供

---

① 施良方. 课程理论——课程的基础、原理与问题[M]. 北京：教育科学出版社，2002：13.
② George J. Posner. 课程分析[M]. 仇光鹏，等译. 上海：华东师范大学出版社，2007：44-63.

依据。

1. 行为主义取向的课程设计

行为主义取向的课程设计基于行为主义心理学，强调课程教学给学习者带来的行为变化。依据行为主义的观点，课程的设计和开发应更加关注课程将产生的结果，也就是学习者表现出来的行为。施良方指出，"行为主义者坚信复杂行为由简单行为构成，主张把课程目标和内容分解为很小的单元，然后按照逻辑程序排序，一步一步通过强化手段使学生逐步掌握课程内容，最终达到预期的课程目标。"①

行为主义取向的课程设计尤其强调对课程目标的分类和分解，根据目标的层级确定课程内容。早期博比特在他的《怎样编制课程》一书中提及的课程编制模式包括人类经验的分析(化为语言活动、健康活动、公民互动、一般社交活动、个人职业活动等十大领域)、职业分析(具体活动或具体工作的分析)、派生目标(课程目标的获得，即从事某一活动所需的能力，包括知识、技能、习惯、价值、态度等)、选择目标和订制详细计划。②泰勒原理中将确定教学目标定为课程设计与开发的第一个环节，确定目标依据的三个来源分别是对学生的研究、对当代生活的研究和学科专家对目标的建议。其中对学习者的研究是为了了解学生的现状和将学生的现状与理想状态做比较，以从中找出差距，这个差距就意味着教育目标。③另外，泰勒也特别强调将课程目标具体分解并有效陈述目标，他将目标分解为内容维度和行为维度，认为陈述目标最有效的形式是"既确认要让学生发展的行为的种类，又确认该行为运用的内容或生活领域。"④

泰勒的目标导向课程设计是布鲁姆的目标分类学的基础，后期麦格提倡将目标分解为可观测的行为、凯勒的清晰表达和分解目标分类方法以及斯金纳小步调程序化学习的原理提供了如何表达这些目标的规范和技术，都具有典型的行为主义取向。行为主义的课程设计原理对现在设计在线课程仍有重要指导意义，如在课程设计之初确定学习者的需要、根据当代生活变化调整课程内容等，是确定课程计划的重要因素。

---

① 施良方. 课程理论——课程的基础、原理与问题[M]. 北京：教育科学出版社，2002：31.
② 丛立新. 课程论问题[M]. 北京：教育科学出版社，2000：30-31.
③ 张华. 课程与教学论[M]. 上海：上海教育出版社，2000：96-98.
④ 张华. 课程与教学论[M]. 上海：上海教育出版社，2000：96-98.

行为主义导向的课程设计强调在教学过程中设计可测量的目标并阶段性反馈，以判断目标是否达成。这点对设计在线课程的评价方式也非常有价值，因为在线学习者更不容易评判自己的学习成果，学习过程中容易产生孤独感，也可能会因此失去信心，最终选择放弃学习。在线学习者更加需要了解自己和他人的学习进程，明确需要自己完成的学习任务和需要达到的标准，也需要清楚自己需要投入的时间、技术等条件，需要完成一些测试或者练习并能够得到适当的反馈，这些对个人学习行为方面的评判对在线学习者尤为重要。

从行为主义的视角出发，在线课程的设计要考虑以下几点。[1]

- 应该告知学习者清晰的学习目标，以便于他们可以设立预期，判断自身是否获得在线课程所预期的学习结果。
- 要测试学习者是否获得预计的学习结果；在线测试或其他形式的测试和评估应当纳入学习序列中，以检查个体的成绩和提供适当的反馈。
- 为了促进学习，学习材料必须按照恰当的顺序组织起来，这些顺序可能是从简单到复杂、从已知到未知、从知道到运用。
- 必须为学习者提供反馈，以便于他们检测和矫正行为。

2. 认知主义取向的课程设计

认知主义取向的课程设计者们认为学科结构是深入探究和构建各门学科所必需的法则，强调知识是课程中不可或缺的要素，要把人类文化遗产中最具学术性的知识作为课程内容，并特别重视知识体系本身的逻辑程序和结构。[2]学科结构是指各门学科中的基本概念、基本公式、基本原则等理论知识，包括两个基本含义：一是学科特定的一般概念、一般原理所构成的体系，二是一门学科特定的探究方法与探究态度。[3]代表人物布鲁纳认为，学习就是人的主观认知结构连续不断的构造过程，通过与认识对象的相互作用，人的认知结构不断得到改进和完善。[4] 布鲁纳关于学科结构的思想，主要来自他的认识论。他认为，主体对于外界的印象不是被动地接受，而是主动

---

[1] Anderson, T. The theory and practice of online learning. Athabasca University Press. 2004：20-21.
[2] 施良方. 课程理论——课程的基础、原理与问题[M]. 北京：教育科学出版社，2002：14-15.
[3] 张华. 课程与教学论[M]. 上海：上海教育出版社，2000：17.
[4] 丛立新. 课程论问题[M]. 北京：教育科学出版社，2000：49.

地获取，认识能力的发展是有机体和环境相互作用的结果，并且人对周围环境的认识方式不是一成不变的，而是在不断地发展之中。布鲁纳提出了发现教学法，其基本步骤如下所述。

- 提出问题：提出和明确学生感兴趣的问题。
- 创设问题情境：使学生体验到对问题的某种程度的不确定性。
- 提供假设：提供解决问题的多种可能的假设。
- 协助学生收集可供下断语的资料。
- 组织学生审查有关资料，得出应有的结论。
- 引导学生用分析思维去证实结论。[①]

认知主义的课程设计强调学习过程，主张按照学科的基本结构选择和编排课程内容，使学生理解该学科的基本结构，掌握"最基本的"原理和原则，在教学策略上主张采用"探究—发现"式教学法，使学生参与到学习过程中，充分发挥其主观能动性，亲自去发现、探索所学的知识和规律，引导学生向科学家那样探究知识。

认知学派的另一代表人物奥苏贝尔则更关注学生的认知结构的发展，他指出，在设计课程时，要考虑"影响学习的最重要的因素是学生已知的内容，然后据此进行相应的教学安排"。[②]只有当学生把课程内容与他们自己知道的认知结构联系起来，才会发生有意义学习。有意义学习的先决条件是课程内容要能够与学生已有知识结构相联系。学生能否习得新信息，主要取决于他们认知结构中已有的相关概念，以便把新知识"挂靠"在这些相关观念上；有意义学习通过新信息与这些观念的相互作用才得以发生，由于这种相互作用的结果，导致了新旧知识的意义同化。奥苏贝尔指出，为了使课程设计符合同化理论，需要对每个学科的各种概念加以鉴别，按照其概括性程度，组织有层次的、相互关联的系统。采用的策略是先呈现最一般的、涵盖性最广的概念，然后再逐渐呈现越来越具体的概念，即"逐渐分化"原理，目的是为了使前面学到的知识可以成为后面学习知识的巩固点，以便产生新旧知识的同化[③]。

布鲁纳和奥苏贝尔的课程设计理论都是从认知心理学的角度考虑课程如何设计，

---

① 布鲁纳. 教育过程[M]. 邵瑞珍译. 北京：人民教育出版社，1989：27.
② 施良方. 课程理论——课程的基础、原理与问题[M]. 北京：教育科学出版社，2002：34.
③ 施良方. 学习论——学习心理学的理论与原理[M]. 北京：人民教育出版社，1995：232-250.

不过布鲁纳更强调归纳法，奥苏贝尔注重演绎法，根据他们的课程设计原理，会得出不同的课程内容体系。认知主义取向的课程设计强调课程内容由概念、原理等学科基本要素组成，课程内容要按照一定的逻辑结构呈现，以帮助学生掌握。该理念对现今的课程设计影响深远，具有十分重要的借鉴意义。

认知主义导向的课程设计强调学科结构的掌握和知识的加工。对于在线学习者而言，经常会利用短暂的空余时间完成学习任务，这种碎片化的学习方式更有可能影响获得的知识图式的完整性，最终影响对知识和技能的综合理解和掌握，也就不利于知识的创新和迁移。因此，在设计中需要考虑如何根据人类认知加工的基本规律组织在线学习内容，以促进学习者对知识的掌握。

从认知主义的视角出发，在线课程的设计要考虑以下几点。①

- 使用能够促使学习者感知和关注信息的策略，促使学习者最大化知觉信息，考虑诸如信息在屏幕上的位置、屏幕的多媒体信息、信息呈现的速度和传输模式等；注意认知负荷，避免无关信息的干扰。
- 帮助学习者从长时记忆中检索已有信息，以促进新信息的感知，帮助学习者在新旧知识之间建立联系。
- 为防止工作记忆中的信息过载，并能够提高处理效率，信息应该分块，一个屏幕上的信息在5～9项之间。
- 课程开始和结束时提供一个能够概述在线课程内容的知识地图，随着课程的进行，逐步呈现地图的每一项内容，或者要求学习者使用绘制地图软件生成地图。
- 使用一些促进深加工的策略，如要求学习者开展应用、分析、综合、评价等高阶学习活动。
- 在线学习可以通过确定学习者偏好来满足学习者的个体差异，并基于学习者的风格提供适当的学习活动。
- 根据双重编码理论，可以采用多种信息呈现方式，以便加工和储存于长期记忆。
- 设计在线学习材料时考虑使用动机策略来激发学习者。
- 鼓励学习者在学习过程中使用元认知技能，比如给予学习者反思所学内容的

---

① Anderson, T. The theory and practice of online learning. Athabasca University Press. 2004：20-21.

机会、与其他学习者协作和检查学习进度。
- 使用促进学习迁移的在线学习策略，比如模拟真实情境、使用真实案例，另外，学习者应该有机会做一些和现实问题结合的作业和项目。

3. 建构主义取向的课程设计

建构主义的认识论强调知识是学习者与环境交互作用过程中依赖个人经验自主建构的，是因人而异的纯主观的东西。建构主义取向的课程理论主要以皮亚杰、维果斯基等人的思想为基础而发展起来的。按照乔纳森的观点，现实不过是人们的心中之物，是学习者自身建构了现实或者至少是按照他自己的经验解释现实；每个人的世界都是由学习者自己建构的，不存在谁比谁的世界更真实的问题；人们的思维只是一种工具，其基本作用是解释事物和事件，而这些解释则构成认知个体各自不同的知识库。[1] 建构主义认为学习是意义建构的过程，是学习者通过新旧经验相互作用来形成、丰富和调整自己的经验结构的过程，教学并不是把知识经验从外部装到学生的头脑中，而是要引导学生从原有的经验出发，生长起新的经验。[2]

建构主义导向的课程设计会考虑学习者问题解决能力的培养，强调营造问题解决环境，鼓励学习者开展基于问题的学习、基于项目的学习和探究性学习等基于知识理解和建构的学习活动，强调学习者积极主动地学习、内容真实且复杂、学习环境的具有情境性和开放性、创建互动合作的学习共同体、能够促进反思和自我调控。[3]

建构性学习的目标旨在使学习者形成对知识的深刻理解，学习者要能抓住某个知识领域或学科的"核心问题""核心思想"和"核心方法"，而不是简单"覆盖"表面的知识点(如术语、名词、事实信息等)。[4] 这样的目标和基于行为主义和认知主义的课程设计有显著不同，更倾向于对高阶知识的掌握，要求学习者通过高水平思维活动对新旧知识和经验进行综合和概括，形成个人的理解。另外，建构主义的课程设计也更注重学习者之间、教师和学生之间的互动，通过切磋、合作、观点交流等方式，在表达个人观点的同时，学会理解、接纳和评判他人观点，从而从不同方面深度理解

---

[1] 戴维·H.乔纳森. 学习环境的理论基础[M]. 上海：华东师范大学出版社，2002：1-3.
[2] 张建伟，孙燕青. 建构性学习——学习科学的整合性探索[M]. 上海：上海教育出版社，2005：39.
[3] 高文. 教学模式论[M]. 上海：上海教育出版社，2002：70-72.
[4] 张建伟，孙燕青. 建构性学习——学习科学的整合性探索[M]. 上海：上海教育出版社，2005：183.

问题的解决途径，达成共识。

建构主义导向的课程强调为学习者建立真实的学习体验，强调学习者的主动学习和知识建构，建议将学生设置在多个问题情境中，通过协作解决问题并获得经验。因此，参照建构主义理论设计的课程要将学习嵌入到复杂的、真实的和相关的环境中、为学习者提供社会协商的机会、支持多方观点并可以采用多种表征模式、鼓励学习的自主性、培养知识建构过程的自我意识。从建构主义视角来看，好的设计应该鼓励反思、加强对话、促进合作、将学习的理论运用于实践、创造同伴社区、激发创造力和激励学习者。[①]

从建构主义的视角出发，在线课程的设计要考虑以下几点。[②]

- 学习应该是一个主动过程。让学习者主动做有意义的活动可以进行高阶的信息加工，有利于创建个性化的意义。
- 学习者应该构建自己的知识体系，通过良好的交互可以促进知识建构，在在线学习环境中，学习者获得的是第一手信息，有助于情境化与个性化的理解。
- 应该鼓励协作和合作学习促进知识建构。
- 学习者控制学习过程，在一定的指导下自己确定学习目标。
- 学习者有时间和机会进行反思，可以在课程中采取内嵌问题的方式，或者要求学习者完成学习日志。
- 设计一些有意义的学习活动或者项目，帮助学习者应用知识。
- 设计可以促进高阶学习和社会性存在的交互。

4. 联通主义取向的课程设计

联通主义是近些年经常被提及的理论思潮，第一门慕课就是基于联通主义创建的。随着大规模在线课程的发展，基于联通主义的在线学习的设计取向也越来越引起研究者的关注。联通主义最有代表性的定义来自乔治·西门子(George Siemens)，他提出，"联通主义是混沌理论、网络、复杂性理论和自组织理论等各种理论的整合。学

---

① Conole, G (2013) MOOCs as disruptive technologies: strategies for enhancing the learner experience and quality of MOOCs, Revista de Educación a Distancia, vol 39, pp 1-17, available at: www.um.es/ead/red/39/conole.pdf.

② Anderson, T. The theory and practice of online learning. Athabasca University Press. 2004：20-21.

习是在一个转换核心元素的模糊环境中发生的过程,并不完全受个人控制。学习是专业信息资源的联结,这种联结使我们比了解当前状态更重要。"[1] 根据联通主义观点,信息不断更新,决策是在不断变化中作出的,区分重要信息和不重要信息的能力是至关重要的。决策本身就是一个学习的过程。联通主义理论非常适合解释现在的在线学习,也就是我们不能控制网络中不断变化的信息,而是要不断学习,更新知识。按照西门子的观点,联通主义的一些基本原则如下所述。[2]

- 学习和知识来自于观点的多样性。
- 学习是一个连接专业信息来源的过程。
- 学习可能存在于电子设备中。
- 能了解更多的能力比目前知道多少更重要。
- 培育和维护联结可以促进持续学习。
- 有能力发现领域之间、观点之间和概念之间的联结是重要的核心技能。
- 流通(准确、最新的知识)是所有联通主义学习活动的主要意图。

从联通主义的视角出发,在线课程的设计要考虑以下几点。[3]

- 由于信息爆炸,应该允许学习者探索和研究当前信息。未来的学习者需要自主和独立,有能力获取当前信息,建立一个有效和准确的知识基础。
- 因为领域的变化和创新的原因,一些信息和程序会变得过时,学习者必须能够忘却旧信息和旧的心智模型,学习新的信息和建立新的心智模型。
- 快速的信息增长意味着一些信息不再重要,有效信息明天可能无效,学习者必须能够从大量无关紧要的信息中识别出重要的信息。
- 全球化促使来自世界各地的技术专家和学习者可以分享和评论信息,学习和知识更为多样性,因此,必须允许学习者与他人连接,检查他人意见,与世

---

[1] Siemens, G. (2014). Connectivism: A Learning Theory for the Digital Age. International Journal of Instructional Technology and Distance Learning, 2(1).　Siemens G. Connectivism: A Learning Theory for the Digital Age[J]. International Journal of Instructional Technology and Distance Learning, 2014, 2(1).
[2] Siemens, G. (2014). Connectivism: A Learning Theory for the Digital Age. International Journal of Instructional Technology and Distance Learning, 2(1).　Siemens G. Connectivism: A Learning Theory for the Digital Age[J]. International Journal of Instructional Technology and Distance Learning, 2014, 2(1).
[3] Anderson, T. The theory and practice of online learning. Athabasca University Press. 2004:20-21.

界分享观点。
- 学习资源应该有多个来源,以反映网络世界和多样性思维,应该以多种媒体传输学习材料来促进最佳的学习活动。
- 一些智能代理将影响学习者学习和获得学习材料的方式。
- 需要让学习者有机会研究和定位一门学科的最新信息,需要设计基于经验的和真实的学习。
- 学习者要与其他学习者和专家建立互联网络,以确保他们不断地学习和更新知识。
- 跨学科的学习越来越重要,学习者要能接触到不同的领域,在一个全球化和网络化的时代,需要有新的方式设计学习材料。

二、在线课程设计与开发模式

传统的课程理论和教学设计理论为在线课程的设计与开发提供了重要的理论基础,四种取向的课程设计对在线课程的设计具有一定的启示意义,为确定在线课程设计的框架提供依据。在线课程设计既需要借鉴传统教学设计模型中的主要要素,还需要考虑在线学习所需要素和主要步骤,以此确定在线课程设计方案中的主要内容。

(一)课程设计的基本模型

课程设计的理论视角决定了课程中要教什么、什么时候教和怎么教的问题,也回答了课程期望获得的效果的问题。在进行课程设计时,不但要知道课程的目标和期望是什么,更需要了解如何确定教育目标和学习目标、选择教与学的内容、组织内容的逻辑和策略、评价教学效果等内容,明确实现这些环节所需的主要内容和操作步骤。

传统课程设计开发大多采用系统化设计方法,最经典的教学系统设计模型是ADDIE 模型,是众多模型的基础。ADDIE 分别代表教学设计过程中的五个要素:分析(Analysis)、设计(Design)、开发(Development)、实施(Implementation)和评价(Evaluation)。

分析阶段是整个设计的首要环节,需要完成学习者分析、需求分析、学习情境分析和学习内容分析,确定学习目标。设计阶段是设计教学方案,包括书写具体学习目标、组织学习内容、确定教学策略、制订评价标准等。开发阶段是依据设计方案开发具体的学习资源和材料,包括文本、视频、音频、在线课程等。实施阶段是通过各种方式传递学习内容的过程。评价阶段包括形成性评价和总结性评价,是评估教学方案是否获得预期的学习效果,也是跟踪和修订整个教学方案的依据。

另外,在教学设计领域有重要影响的模型还有加涅的信息加工模型、迪克和凯里(Dick&Carey)的设计模型、肯普(Kemp)的模型、史密斯和雷根(Smith&Ragan)的模型、快速 ISD 模型、海涅克等人的 ASSURE 模型、连续迭代模型(Successive Approximation Model,SAM)等。

在迪克和凯里模型中,其主要环节包括评价需求以确定教学目的、进行教学分析、分析学生和环境、编写绩效目标、开发评价方案、开发教学策略、开发和选择教学材料、设计和实施教学的形成性评价、修改教学、设计和进行总结性评价。[①] 在莫里森、罗斯和肯普的模型中包括识别教学问题、确定学习者特征、学习任务分析、罗列教学目标、内容呈现、设计教学策略、信息设计、教学开发和开发评价工具等内容。[②] 在史密斯和雷根(Smith&Ragan)的模型中分为三个主要活动:分析、策略开发和评价,其中策略开发又包括组织策略、传输策略和管理策略。[③] 乌美娜教授主编的《教学设计》一书对各种模式进行了比较,总结出教学设计过程的共同特征要素为:学习需求分析、学习内容分析、学习目标的阐明、学习者分析、教学策略的制订、教学媒体的选择和利用以及教学设计成果的评价等。[④] 张祖忻教授的《教学设计》一书中确定教学设计基本内容包括开展前端分析、组织教学课题、分析知识要点、阐明学习目标、制订教学策略、编写教材脚本、进行形成性评价、推广教学设计成果、管理教学设计项目等要素。[⑤]

表 3-1 所示是对各种模型要素的综合比较,综合各种教学设计模型,其共同要素为:学习需求分析、学习内容分析、学习目标的阐明、学习者分析、教学策略的制订、教学媒体的选择和利用以及成果的评价等。[⑥] 本书后面的章节将针对这些要素重

---

① Dick&Carey. 教学系统化设计[M]. 汪琼译. 北京:高等教育出版社,2004:4-6.
② Morrison,Ross&Kemp. 设计有效教学[M]. 严玉萍译. 北京:中国轻工业出版社,2007:10.
③ Smith&Ragan. 教学设计(第三版)[M]. 庞维国,等译. 上海:华东师范大学出版社,2008:14.
④ 乌美娜. 教学设计[M]. 北京:高等教育出版社,1994:52.
⑤ 张祖忻,章伟民. 教学设计——原理与应用[M]. 北京:高等教育出版社,2011:8-11.
⑥ 乌美娜. 教学设计[M]. 北京:高等教育出版社,1994:52.

点讨论在线学习的设计内容。

表 3-1 教学设计过程的要素比较①

模式关键要素	Dick&Carey	Morrison,ross&Kemp	Smith&ragan
学习需求分析	确定教学目的	识别教学问题	学习情境分析
学习内容分析	进行教学分析	学习任务分析	学习任务分析
学习目标的阐明	编写绩效目标	确定教学目标	
学习者分析	学习者分析	确定学习者特征	学习者分析
教学策略的制订	开发教学策略	设计教学策略 评估策略	组织策略 传输策略 管理策略
媒体的选择和运用	开发教学材料	内容呈现 设计教学信息 开发教学材料	制订教学
成果评价	开发评价方案 形成性评价 修改教学 总结性评价	形成性评价 总结性评价	形成性评价 修订教学

(二)在线课程设计的基本要素

行为主义、认知主义、建构主义和联通主义提供的设计理念是提炼在线课程设计要素的主要依据。在第二章我们曾讨论了在线学习环境需要具有的技术特征，包括交互性、可获得性、便利性、协作性等，学习环境等特性是设计在线课程的技术基础。本节将结合核心要素和在线学习环境所具有的技术功能，从两方面入手讨论在线课程设计的基本要素和设计原则。

1. 相关研究

大型的课程设计是对教与学过程的系统规划，需要对系统中的各个要素进行评估和分析，并协调各要素以实现课程的目标。课程设计所需要的各个环节的工作处于不同的系统层面，也涉及系统中的不同要素。加涅曾分析了一个大型课程在制订计划

---

① 金慧. 基于问题解决的学习支持[M]. 长春：吉林大学出版社，2011：217.

时，需要考虑的因素包括分析资源、限制条件、可供选择的传输系统、教师的准备和新开发的教学系统的安装和传播等。①

在关于在线课程设计要素的分析中，有的学者从课程本身所需内容的角度进行分析，比如白普利指出在线课程的总体设计需要考虑的要素包括下列特点。②

- 日常教学安排：课程计划、进度表、内容信息、课程目标和要求等。
- 课程资源：教科书、阅读材料、讲义、音像磁带、图形和图像等。
- 师生之间、学生之间的交互活动。
- 附加学习资源。
- 对正在学习的学生的监控。

有些研究则是从在线课程教学设计的各个环节入手，分析需要涉及的问题，比如武法提指出网络课程设计包括教学内容、学习资源、教学策略、学习支持、学习评价和教学活动六个要素，网络课程的不同组织方式形成了网络课程的不同结构。③

也有学者从课程应该具有的功能的角度，提出慕课设计框架应该包括学习者的个性化学习、交互学习环境、技术功能、证据支持的质量提升。④国外研究中，金(King)等指出，一个能够开展有效教学的在线课程要具有四个关键特征："以精心的教学设计为根本前提、以提升学习者的学习投入度为重要导向、以精致得当的内容为基本依托、以加强论坛建设促进社会性互动为有力抓手。"⑤

还有学者结合在线课程各个要素的功能和所需内容提出 MOOCs 设计的六个维度：结构、导向、参与、学习、共同体和管理。⑥每个维度需要考虑的内容如图 3-1

---

① 加涅等. 教学设计原理[M]. 皮连生，等译. 上海：华东师范大学出版社，1999：36-40.
② 白普利·艾碧. 网络教育——教学与认知发展新视角[M]. 丁兴富，等译. 北京：中国轻工业出版社，2003：54-55.
③ 武法提. 网络课程的设计与开发[M]. 北京：高等教育出版社，2007.
④ 杨玉芹，焦建利. MOOC 学习者个性化学习生态设计框架[J]. 电化教育研究，2014，(8)：32-37.
⑤ King, C. E., Doherty, K., Kelder, J. A., Mcinerney, F., Walls, J., & Robinson, A., et al. (2014). 'fit for purpose': a cohort-centric approach to mooc design. Rusc Universities & Knowledge Society Journal, 11(3), 108-121.
⑥ Steven Warburton & Yishay Mor (2015) A set of patterns for the structured design of MOOCs, Open Learning: The Journal of Open, Distance and e-Learning, 30:3, 206-220, DOI: 10.1080/02680513.2015.1100070.

所示。

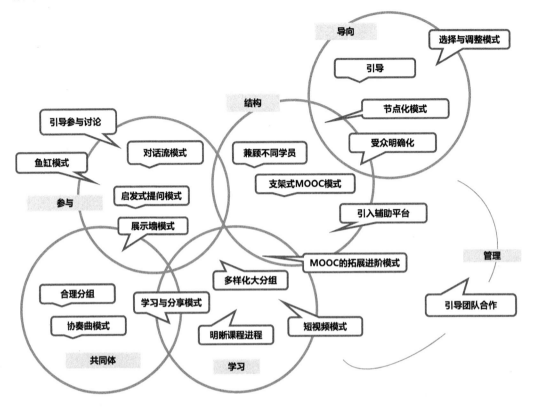

图 3-1 在线课程设计范式

2. 在线课程设计要素

结合上述专家的观点，从课程的传输层次和系统特征两个维度入手，在设计和开发在线课程之前，需要考虑的主要问题有下列各点。

- 需要包括哪些内容？
- 教学材料如何组织和排序？
- 对于不同的材料，需要采用哪种呈现媒体？
- 使用哪些教学策略？
- 如何对学习者和教师、其他学习者之间进行交互设计？
- 如何对学习者的学习进行评价和反馈？
- 创建材料的产生方法。

上述问题可以归纳为组织条件、学习者、学习情境、学习资源、学习活动、评价方式等要素，如图3-2所示。

图 3-2　在线课程设计要素

要素1：组织条件

在这一要素中需要考虑发布课程的教学组织需求、技术条件、经济等情况，比如课程需要覆盖的规模、支持课程的经费、教师配备、学习环境的选择方案、管理办法、时间限制、组织希望实现的目标等内容，可以采取问卷调查、访谈、测评等方法确定教学组织的需求、条件和设计目标，涉及人群可能包括授课教师、学校相关部门、社会用人单位、企业、学科专家等。

要素2：学习者

需要了解学习者的情况，包括确定学习者开始接受任务时所需要的先决技能、学习者的学习偏好、学习风格、可用的时间、学习者拥有的最低技术条件等内容，可以采取问卷、访谈、前测等方式。对于在线学习的学习者可以通过网络问卷的方式获得他们的初始水平和需求。

要素3：学习情境

学习情境要素就是要了解学习发生时的物理情境以及所学新技能的应用情境(如工作场所)，物理情境的分析重点应关注开展在线学习的环境是否适合教学的要求、技术支持的情况、传输方式的适合程度等，可以通过考察、访谈、问卷等方式获得关于学习情境是否能够支持在线学习的展开。

要素 4：学习资源

设计学习资源就是确定学习者需要获取的知识内容并设计相应的呈现方式，包括选择和确定单元主题、确定每个单元的学习目标和内容、确定内容组织顺序、确定学习评价方式、确定媒体呈现方式等。这部分是在线课程教学设计的主体，需要完成学习任务的确定、选择教学策略、选择教学媒体、开发教学材料等各个环节的工作。

要素 5：学习活动

第五个要素是设计学习活动，也就是各种类型的自主学习活动和交互活动的设计。目前在线课程可以提供的功能有课程资源学习、评价、讨论等主要模块，其中评价模块可以设计的学习活动包括作业、投票、测试、同伴互评、问卷等；讨论模块可以设计的学习活动包括在线聊天室、讨论区、评论等。

要素 6：支持与管理

第六个要素是管理与支持，包括对学习者学习的评估，也包括对整个课程设计的评估。需要规划一种评价学习材料和效果的方法，以确定在线学习的设计是否存在问题，是否需要调整和修改，评价的过程应该贯穿整个学习过程的始终。

(三)在线课程设计与开发步骤

课程设计要素决定了课程设计的基本内容，在线课程设计还需要考虑各个要素之间的关系和顺序，并将这些要素按照某种顺序组合，构成课程设计的模型。前面我们已经介绍了教学设计的经典模型，本节将在介绍在线课程的设计模型的基础上，讨论在线课程设计和开发的步骤，主要内容是学习需求分析、学习内容分析、学习目标的阐明、学习者分析、教学策略的制订、教学媒体的选择和利用以及成果的评价等。

1. 设计模型的相关研究

一般说来，教育领域中模式和模型经常是同一个词。英语中模式和模型也是同一个词，都是"model"。通常一个模式本身就是一个系统，由相互联系、相互作用的要素组成，只有这些要素的规律性运动才能使模式发挥它的特定功能。模型是解决某类问题的方法的简化形式。[1] 在线课程设计模型是依赖一定的学习理论而形成的在设计过程中采用的比较稳固的程序及其方法的策略体系。

---

[1] 靳玉乐. 反思教学[M]. 成都：四川教育出版社，2006：156.

早期关于在线课程设计模型的研究主要来自系统化教学设计和网络课程设计的经验，一般遵循系统化教学设计 ADDIE 的思维，按照需求分析、内容分析、目标的阐明、学习者分析、教学策略的制订、教学媒体的选择以及成果的评价等几个要素展开，采用的技术一般是开发单独的网站或者课件，比较重视对学习环境和学习活动的设计。比如凯伦·哈利特(Karen Hallett)将在线课程设计过程分为教学分析、制定目标、选择策略、选择技术、设计活动和评价调整六大环节。[1]

也有学者按照设计的时间序列确定设计的步骤，比如艾伦(Allen)指出在线学习的设计和开发分为三个阶段：教学前阶段、教学阶段和绩效表现阶段。教学前阶段的设计聚焦于在线学习开始前的一些准备因素，以激发学习者兴趣，让学习者产生学习需求；在教学阶段除了基础的教学目标，还包括有意义的、能记住的、激发动机的活动的设计；在绩效表现阶段集中在对绩效支持的设计。[2]

2. 在线课程设计的 SAM 简化模式

由于在线课程的设计经常会涉及很多群体，高效的设计开发过程尤为重要。随着网络课程设计的需求量剧增，一些设计公司开始采取快速原型法和 SAM 敏捷迭代模式(见图 3-3)进行设计和开发实践。

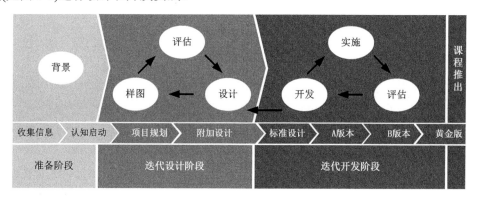

图 3-3　SAM 敏捷迭代模式

---

[1] Hallett, K. 在线课程设计的六个环节[J]. 褚献华译. 远程教育杂志，2003(3)：22-24.
[2] Allen, M. W. (2007). Designing Successful ELearning. San Francisco: Pfeiffer Clark, R.C., & Mayer, R.E. (2003). ELearning and the science of instruction; Proven guidelines for consumers and designers of multimedia learning. San Francisco: Pfeiffer.

好的模式应该有不断修正的环节、支持开发团队之间的合作、高效、具有可操作性和过程可以监控管理。① 本书在 SAM 模型的基础上,将在线课程的设计和开发分为三个阶段:规划阶段、迭代设计阶段和迭代开发阶段,如图 3-4 所示。

1) 规划阶段

课程设计的第一个环节是初步规划课程,也就是在开始设计之前尽可能搜集相关的背景信息。规划阶段需要分析组织需求、学习者特征和现有条件等内容,主要涉及的问题包括组织的目标和愿景、目前课程的现状、学习者的情况、内容资源情况和评价方式等方面。

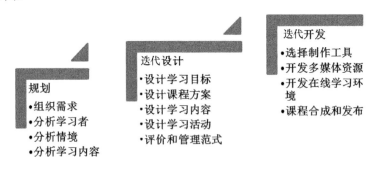

图 3-4　在线课程开发模型

组织层面中需要考虑以下问题。
- 组织对该课程的目标是什么?有什么期望?
- 管理结构、学校设施和财政的条件如何?
- 教师需要什么知识?能做什么?应该做什么?
- 课程项目的预算和完成时间表是什么?每一部分要花费多长时间?
- 课程将如何在学校里实施?
- 现有技术平台的情况和现有资源情况如何?

课程内容层面需要考虑以下问题。
- 该课程在以往的教学中存在哪些问题?本次在线课程的设计是否可以解决该问题?
- 课程是为谁设计的?谁将是目标学习者?

---

① 迈克尔·艾伦. SAM 课程设计与开发[M]. 任脉学习技术研发中心译. 北京:电子工业出版社,2015:69.

- 课程将以什么方式交付？如何评价？如何来界定成功？什么样的结果才能算成功？
- 课程应该包括什么内容(主题、概念或者技能等)？知识特点如何？

学习者层面需要回答以下问题。

- 目标对象的特性：兴趣、能力和背景知识？
- 学习者应该获得什么样的知识、技能或态度？
- 学习者为什么要学这些？所学内容的价值何在？
- 目标学习者可能的状态和水平如何？
- 学习者需要完成什么任务？

2) 设计阶段

课程设计的第二个环节是迭代设计课程，包括重复设计、样例和评估三个步骤，本阶段是规划设计课程方案、完成方案的样例、对方案进行评估，改进方案和样例并再次评估的循环过程。需要完成的主要内容有：编写目标、选择和组织学习内容、设计学习活动、设计学习评价、设计学习材料、安排学习时间、空间、确定教学策略等。

设计层面中需要完成以下内容。

- 确定学习目标，编写教学大纲。
- 设计课程类型、时长和主题。
- 设计每个主题单元中需要掌握的知识和技能。
- 设计学习内容的组织方案。
- 设计内容的呈现方式和媒体。
- 设计学习活动。
- 设计学习评价。

样例层面需要完成以下内容。

- 完成在线内容的编排草案。
- 完成视频的制作脚本草案。
- 完成评估方案草案。

评估层面需要完成对上面的草案进行分析，考虑可行性问题，根据团队讨论的结果修改设计方案和样例，这三个过程循环进行2～3次。

2) 开发阶段

在线课程设计与开发的第三个环节是迭代开发课程，包括重复实施、评估和开发三个步骤。本阶段是规划设计课程方案、完成方案的样例、对方案进行评估，改进方案和样例并再次评估的循环过程。需要完成的主要内容有：编写目标、选择和组织学习内容、设计学习活动、设计学习评价、设计学习材料、安排学习时间、空间、确定教学策略等。托尼·贝茨曾指出，一个完整的在线课程通常包括以下一个或诸多内容。[①]

- 拥有指导学习的网站，包括课程、课程目标、内容目录、参考读物、课程安排以及作业。
- 课程模块，包括若干学习单元，每个单元有作业、课程内容、阅读材料、学生活动以及反馈。
- 教师提供的原始材料，包括文本、研究论文、数码照片形式的原始数据等。
- 在线论坛。
- 网络资源链接，包括相关网站、在线杂志以及图书馆资源的链接地址。
- 能够在线提交经过批改的测验或者小论文形式的作业。
- 基于印刷品的阅读材料，包括教科书、杂志文章的汇编。
- 其他媒体材料，包括视频音频剪辑、动画、模拟，其内嵌于网站或者分步发送的相关压缩光盘。

[①] 托尼·贝兹. 技术、电子学习与远程教育[M]. 祝智庭主译. 上海：上海高教电子音像出版社，2008：133-134.

第四章 在线学习需求分析

课程设计的第一个环节是规划课程，需要了解组织的目标和愿景、目前课程的现状、学习者的情况、内容资源情况和评价方式等方面的信息，这些信息将成为确定课程目标的主要依据。而教育目标的确定，又是设计其他教学计划的起点，包括选择教学材料、规划内容、开发教学程序、编制测验的标准等，都是达到教育目标的手段。

规划课程时首先要进行需求分析，包括组织需求和条件、学习者、学习情境、学习资源情况等要素。与传统课程设计的需求分析环节的工作一样，在线课程设计的分析阶段需完成确定绩效差距、学习者分析和学习情境分析等几方面内容，这个过程一般称为学习需要分析。学习需要是指学习者学习方面目前的状况与所期望达到的状况之间的差距。学习需要分析是一个系统化的调查过程，是揭示学习需要从而发现问题、通过分析问题产生的原因确定问题的性质，并辨明何种教学设计是解决这个问题的合适途径；同时它还可分析现有的资源和约束条件，以论证解决该问题的可能性。学习需要分析的结果是提供"差距"的有效资料和数据，从而帮助形成中的教学目标。[1]分析的首要目的是掌握学习者目前所具有解决问题所需的知识技能的现有状态和期望学习者通过完成学习任务后达到的目标状态之间的差距，是下一步进行目标编制、内容分析、策略制订等环节的基础。

由于在线课程中的学习者和学习环境的多样性，系统中的各个要素之间的关系也更为复杂，为评估学习需要带来更多变数和不确定性，也要有不同的分析维度和方法。

一、评估开展在线学习的需求

目前，有组织的在线课程大多来自高校和培训机构，开发在线课程的目的虽有所不同，但总体上还是期望能够创建丰富的在线学习体验，以供有学习需要的学习者可

---

[1] 乌美娜等. 教学设计[M]. 北京：高等教育出版社，1994：56-57.

以灵活便利地学习。传统教学中关于某门课程的设计需求往往有较为明确的目的，其目标群体也相对较为固定。由于在线课程的使用目的和范围不同，参与课程的学习者的需求状态很难明确，需要考虑不同使用情境下的学习需求。本节在介绍传统教学设计中的分析方法的基础上，将着重探讨封闭式和开放式在线课程中确定学习需要的方法。

(一)确定学习需求的方法

需要开展学习评估主要有三种情境，分别是需要开发新课程、原有课程中存在问题和课程使用情境发生改变。不同情境下的学习需要分析方法有所不同。史密斯和雷根针对三种情境采取的分析方法分别是问题模型、革新模型和差距模型。[①]问题模型主要评估是否存在问题并且问题的原因是否和学习者的学习成就有关；革新模型可用来考察教育系统或者组织内外部环境是否需要变革，课程应如何适应这些变革；差距模型可用来评估学习者应该达到的状态和现有状态的差距。张祖忻教授提出学习需要分析可以从内部需要评估和外部需要评估两方面展开。[②]内部需要评估是评估学习者的绩效现状与组织所确定的教学目标之间的差距；外部需要评估是对照社会和未来的需求和学习者绩效现状之间的差距。一门在线课程的开发和再设计，可能来自不同群体的需求，根据需要的不同群体，本书参考各种需要评估的维度和方法，采取组织层面、课程提供者和学习者三个方面讨论学习需要的确定，其中学习者分析将放在下一节中介绍。

1. 组织层面的需求分析

鼓励或组织人员开发新课程或者将现有课程改为在线形式意味着组织正在响应内外部环境的变化，需要加入新的战略目标来适应这些变化。设计新的在线课程或重新设计课程对组织而言是创新的过程，需要考虑创新的必要性、可行性、可能遇到的困难和预期的效果等方面的因素。从组织层面来看，开发一门在线课程的需求可能来自以下几个方面。

---

① Smith&Ragan. 教学设计(第三版)[M]. 庞维国，等译. 上海：华东师范大学出版社，2008：65-71.
② 张祖忻，章伟民等. 教学设计——原理与应用[M]. 北京：高等教育出版社，2011：28-31.

1) 满足社会对优质开放教育的需求

从早期的开放教育运动到近期的 MOOCs 的迅速发展，都是各级教育机构应对日渐增长的学习需求的举措。接受高等教育、参与继续教育的学习对人们就业越来越重要。人们需要更多的机会和学习形式接受工作培训，以提高自身技能。在线学习形式可以满足日益增长的教育需求，作为一种新生教育方式正在悄然改变传统的教育概念。宏观战略层面上，在线学习使更多人有机会接触到优等有保障的教育资源，为成千上万有兴趣学习的人提供了平等学习的机会，体现了真正意义上的中国哲人力倡的"有教无类"，可以克服学习的地域、年龄、语言、文化、种族、资本、收入等障碍。

2) 满足教育机构自身发展的需求

各级教育机构，尤其是高等教育系统对社会发展和国家经济竞争力起着重要作用，也面临着入学需求持续增长和教育资源日益紧缺的巨大压力。教育机构有计划地、系统地开展以在线课程为主的学习资源建设变得越来越重要。在线课程的设计和开发是学校层面开展信息化教学的关键，也是学校促进自身发展的重要手段。在此背景下，在线课程的开发将为高校的转型和发展战略的制订提供崭新的机会和视角。教育机构在课程开发前，需要思考该课程对学校发展战略的作用、可能带来的正面和负面影响等因素。尤其是大规模的开放在线课程，具有深远的影响力，可能代表了学校的文化理念、课程质量和水平，如果能够合理运用，将成为宣传学校的最佳方式。

3) 满足新的培养人才的理念

知识、社会需求、技术等各方面的快速更新，向教育机构提出更为严峻的挑战。教育机构需要理解社会转变给教育带来的影响，敏捷地预测海量知识变化，并不断产生有利于教学和学习的新理念。[①] 教育机构不但要为填补知识空白，提供所需新技术和知识，更要了解社会对学习者能力的需求，促进学习者批判性思维、创新能力、合作精神的养成，通过在线学习的方式，采用创新的教学模式和策略，展开以学习者为中心的学习，可帮助学习者完成持续的个人专业发展。

从组织层面考量学习需要，需要思考以下问题。

---

① 金慧，胡盈滢，宋蕾. 技术促进教育创新——新媒体联盟《地平线报告》(2017 高等教育版)解读[J]. 远程教育杂志，2017，35(2)：3-8.

- 确定组织追求变化的实质。

  确定组织追求变化的实质，包括开发该课程是否是组织战略发展的需要？可以帮助组织实现哪些方面的规划？可以帮助组织解决曾经遭遇的哪类问题？

- 确定新的发展目标。

  确定新的发展目标，包括需要分析组织的这次变革将会对内部产生怎样的影响？是否会引发新的变革？目标与现在组织的发展目标是否有冲突？是否有可能成功？组织是否愿意提供各种资源的支持？这些支持是否会和效益匹配？

可以采用多种分析方法对以上问题进行分析，比如 SWOT 分析法、专家访谈法等。组织层面的分析对象应以熟悉组织规划愿景的人员为主。以某高校在国际平台上开设在线课程为例，该校前期对组织的领导层进行了需求评估，发现开设该课程可以帮助组织带来以下好处和可能性。

(1) 作为一所秉持国际化办学理念的高等院校，该校认为自身一直肩负着向中国介绍世界，向世界介绍中国的使命，也期望能通过优质的教学资源传播中国文化、扩大学校的国际影响力。在国际平台上开设 MOOCs 可以成为传播优质中国文化资产的有效渠道，其大规模效应可以引发文化资产空前的增值速度。

(2) 该校是外语类综合院校，虽然有语言学、政治学等优势学科，但在国际上的影响力和排名不高。如果借助该校强有力的外语教学的优势，打造出蕴含中国古典文化、政治等方面的英语或其他语种课程，不但可以促进中国文化政治和核心价值观在国际传播，还可以扩大学校的国际影响力。

(3) 该校领导层有强烈的信息化教学改革需求，因种种原因进展较慢，学校期望以国际 MOOCs 建设为契机，将学校知名课程、知名教师和知名教学团队推向社会，在打造优质课程资源的基础上，不断推动教师专业发展、教学方法改革、教学资源共享和教学研究的开展。

(4) 该校的领导层经过讨论，认为学校具备开设国际 MOOCs 的师资基础、经济基础和技术条件，可以整合学校各方面的力量先开设一到两门代表学校水平的课程。

2. 课程层面的需要分析

开发新的在线课程或者重新设计已有课程的需求可能来自两个方面，一方面是教师本身对教学改革的需求，另一方面是课程适用情境的变化。

信息技术的革新，对教育观念、教育体制、教学方式和人才培养目标等方面有深刻影响。对课程的改革需要方面要考虑：现有课程是否满足对人才的培养需要？是否有开展混合式教学的需要？哪些教学材料需要重新开发？课程的针对群体发生了什么变化？

对课程现有状态方面要考虑该课程在以往的教学中存在哪些问题，本次在线课程的设计是否可以解决该问题？教师设计该课程可能需要的支持？ 课程是为谁设计的，谁将是目标学习者？

课程层面的需求分析数据主要来自课程提供者、学生、教学设计专家和学科专家，可以采取专家访谈、问卷等方式获得数据，分析的结果将成为设计在线课程内容和模式的主要依据。

(二)在线学习情境分析

在线学习情境不仅包括学习发生的具体物理空间还包括作为学习过程本身一部分的社会环境。针对班级教学的学习环境和基于网络的学习环境会非常不同，对学习情境分析的首要任务是要考虑将要实施在线课程的学习环境，描述该系统中各个要素的基本特征。另外，学习情境分析也包括对所学知识的未来应用情境分析。学习环境分析的结果是要描述将要产生学习的场所的适恰性，判断该环境是否有充分的设施、资源和技术可以支持学习的发生。由于在线学习极其依赖技术创设的学习环境，对该环境的分析就更为重要了。选择一个适合的在线学习环境，不仅意味着对学习者有意义，还应该对其他的所有利益相关者群体包括教师、支持服务人员和机构有意义，考虑各方面的需求非常重要。

在线课程学习环境的分析方法主要采取访谈、观察、现场考察等，资料来源包括教师、学习者和相关管理人员，需要识别的特征分为以下几类：①场所的数量和特征：学习环境的场所数量、设备情况、辅助设施、资金等资源情况、限制条件；②场所满足教学需求的程度：场所能够提供教学策略的能力、传输方式、时间管理、工作人员；③场所满足学习者需求的程度：地点、便利性、空间和设备情况；④场所现场模拟的可行性：物理特征和社会特征等。[①]具体的分析维度可以包括两个方面：技术维度和教学维度。

1. 学习环境分析的技术维度

技术维度主要考虑构建在线课程的学习管理系统或者各种开放在线课程平台的可实现技术功能，这些功能是确定课程的学习资源、交互类型和评价方式的前提条件。因为不同的在线课程平台的功能特征有其特殊性，在分析的时候主要应利用该平台构建在线课程的获得性、可用性、交互性和拓展性等特点。

因此，综合起来，学习环境的技术分析维度可以通过表 4-1 中所列的问题进行分析。

表 4-1 在线学习环境的技术分析维度和问题

分析要素	分析的问题维度
获得性	1. 该课程所需技术平台的提供方以什么方式提供？(在线收费、在线免费、本地等) 2. 该平台的访问是否无限制？(比如所使用的论坛、微博等) 3. 学习者注册课程所需条件？ 4. 系统内资源的开放程度如何？获得条件有哪些？
可用性	1. 课程的传输渠道？(网络版、手机版) 2. 系统的预计响应程度如何？(是否会有延迟？) 3. 系统的界面和功能对学习者来说是否熟悉？ 4. 学习者是否可以随时随地使用该系统？方便程度如何？
交互性	1. 该系统可以提供的交互方式有哪些？ 2. 学习者对这些交互功能是否熟悉？ 3. 是否可以很方便地使用这些交互方式？
拓展性	1. 是否允许用自主选择界面设置和功能模块？ 2. 是否允许学习者对学习资源进行增减或者修改？

2. 学习环境分析的教学维度

教学维度的问题是指除了考虑学习环境的技术特征以外，还需要考虑基于该环境可以具备的学习和教学功能，包括：①教学场所适合教学要求的程度；②教学场所模

[①] Dick&Carey. 系统化教学设计(第六版)[M]. 庞维国，等译. 上海：华东师范大学出版社，2007：111.

拟工作环境的程度；③教学场所在多大程度上适于运用多种教学策略和传输方式；④可能影响教学设计和教学传输的限制条件。[①]

比如，该环境教学维度要考虑课程的适用性问题、真实性问题和学习者控制等要素，是否既可以支持混合式学习模式也可以支持完全在线学习模式？该环境是否可以模拟工作场所的问题情境？综合起来，学习环境的技术分析维度可以通过表 4-2 中所列的问题进行分析。

表 4-2 在线学习环境的教学分析维度和问题

分析要素	分析的问题维度
适用性	1. 系统是否可以提供达到教学目标所需的教学模式？ 2. 可以提供什么学习材料的类型？是否有多种选择？ 3. 可以采用什么教学方法？是否可以满足教学需要？
真实性	1. 是否可以创设真实的或模拟真实的问题情境？ 2. 是否有条件允许学习者开展基于问题的学习或者项目实践？
学习者控制	1. 学习者可以控制学习的程度如何？ 2. 学习者是否可以监测个人或他人的学习进程和程度？ 3. 可以为学习者提供的学习支持有哪些类型？

二、学习者分析

学习者是实施学习活动的目标群体——是实施恰当教学的对象。目标群体是指最广泛的可能用户群。学习者分析是教学设计重要的、核心的工作，它贯穿于教学设计过程中的各个环节，并为它们提供设计的重要依据。

在线课程的目标人群包括所有可能获得并参加的学习者，尤其是大规模开发在线课程，学习者的数量和特征都很难做前端分析，对于学习者的分析难度很大，分析的内容也有所不同。

(一)学习者分析的主要内容

乌美娜等学者在《教学设计》一书中指出学习者分析的目的：

---

① Dick&Carey. 系统化教学设计(第六版)[M]. 庞维国，等译. 上海：华东师范大学出版社，2007：107-108.

"学习者分析的目的是了解学习者的学习准备和学习风格,为学习内容的选择和组织、学习目标的阐明、教学活动的设计、教学方法与媒体的选用等教学外因条件适合于学习者的内因条件提供依据,从而使教学真正促进学习者智力和能力的发展。"①

评定学习者的学习风格能用来帮助设计、开发并提供教育材料或资源,能在个性化的教学中以最大限度调动和激发学生获取学习内容。②

1. 分析要素

学习者分析包括学习者的学习准备及其学习风格。

学习准备是学习者在进行新的学习时,他原有的知识水平或原有心理发展水平对新的学习的适合性,包括学习者的一般特征和初始能力。学习者的一般特征,包括从事该学习产生影响的心理、生理和社会的特点,包括年龄、性别、认知成熟度、学习动机、个人对学习的期望、工作经历、生活经历、经济、文化、社会背景等要素。学习者的初始能力是指学习者对从事特定的学科内容的学习已经具备的有关知识与技能的基础,以及对有关学习内容的认识和态度,通过初始能力的确定可以确定教学起点。③

学习风格由学习者特有的认知、情感和生理行为构成,它是反映学习者如何感知信息、如何与学习环境相互作用,并对之作出反应的相对稳定的学习方式。克里的"洋葱模型"把各种学习风格划分为三类。④

- 教学和环境的学习偏好:是指学习者对学习环境的个性化选择,这些偏好可能会改变或者受学习内容的影响。
- 信息处理的风格:这种模式不直接和学习环境互动,是通过学习经验和学习策略而发展的适应能力。
- 个性相关的认知偏好:被视为一个潜在的和相对永久的个性特征。

Sadler Smith 在 Curry 模式的基础上,进一步解释了什么是认知风格和学习

---

① 乌美娜. 教学设计[M]. 北京:高等教育出版社,1994:108

② Federico. P. (2000). Learning styles and student attitudes toward various aspects of network-based instruction Computers in Human Behavior 16, 359–379.

③ 乌美娜. 教学设计[M]. 北京:高等教育出版社,1994:109

④ Curry, L. (1983). Learning Styles in Continuing Med- ical Education, Canadian Medical Association, Ottawa.

策略。[①]
- 学习策略：在学习中通过学习和经历采用的行动计划。
- 认知策略：在组织和处理信息过程中采用的一项行动计划。

结合各方面的内容，学习风格的分析要素可以包括学习者的认知风格(如信息加工风格、视觉素养水平等)、生理特征(感知觉的倾向性)、情感特征(学习动机、焦虑水平和态度等)、社会性特征(对权威的态度、合作或竞争的倾向、榜样)和环境需求(学习情境的影响)等五个方面。

2. 分析维度

史密斯和雷根从教学设计的可行性角度，将以上需要分析的各要素划分为四个维度，一方面从人类特征角度考虑，分为人与人之间的个体差异性和相似性；另一方面考虑随着时间的变化，个体的特征是变化还是稳定(表 4-3)。其中个体差异性包括态度、学习风格、发展状态和先决技能。相似性包括感知能力、信息处理能力、人类的认知、发展过程，其中发展过程包括智力、生理、心理和语言发展的过程。[②]

表 4-3　学习者特征的四个分类

	相似性	差异性
稳定性	感觉能力 信息加工 学习的类型和条件	智商(多元智能) 认知风格 社会心理特性 性别，民族和种族
变化性	发展过程 - 智力 - 语言 - 社会心理 - 道德 - 其他	发展状态 - 智力 - 其他 先前的学习 - 一般的 - 特定的

(资料来源：Smith&Ragan. 教学设计(第三版). 庞维国，等译. 上海：华东师范大学出版社，2008：86)

[①] Sadlersmith, E. (1996). Learning styles: a holistic approach. Journal of European Industrial Training, 20(7)：29-36.
[②] Smith&Ragan. 教学设计(第三版)[M]. 庞维国，等译. 上海：华东师范大学出版社，2008：84-98.

将学习者特征按照稳定的相似性、稳定的差异性、变化的相似性和变化的差异性进行分类，可以更好地把握教学设计需要关注的学习者关键特征，对后面的内容设计、信息设计、组织策略等都有重要意义。

1) 稳定的相似性

稳定的相似性是指人类在感知能力、信息加工的相关特征和学习的类型等方面具有稳定的相似特征。感知能力是在视力、听力、触觉等感官方面的能力和局限性，对感知能力的把握是信息设计的基础，尤其是对多媒体学习材料的设计，比如视频材料的呈现时间、多媒体的整合方式、交互界面的设计等。信息加工特征表现为人类处理信息的基本能力，包括信息存储、处理、认知负荷等。信息加工的心理学研究成果为学习内容的设计提供了重要支撑。学习类型是指人类对不同类型知识的学习，加涅、布鲁姆、瑞格鲁斯等关于学习结果的分类表明该要素具有稳定的相似性，是教学设计的重要基础。

2) 稳定的差异性

稳定的差异性是指个体在多元智能的倾向性、认知风格、智商、人格特征、性别、种族等方面存在的差异性，而这种差异性一般不会随着时间的流逝而改变，在学习中体现在学习天赋、接受信息的方式、对学习环境的需求等方面的差异。学习天赋与智商水平有关，是表现在某些方面的特殊才能。认知风格是人类接受和加工信息的方式，包括依赖型/独立型认知风格、水平化/尖锐化的认知控制、冲动型/沉思型认知风格和视觉/触觉的感知风格。[1]考虑认知风格的差异性有助于学习任务的设计和分解。人类学习的差异性还表现在学习过程中的一些心理特征，如焦虑水平、控制点和自我评价，以及男女之间的生理差异等。稳定的差异性是个性化学习的主要参考要素。

3) 变化的相似性

变化的相似性体现为学习者的一般特征，包括不同时期的人的智力发展水平、语言发展、人格发展等，这些发展阶段的相似性为教学设计提供了可以预见的模型，针对同一阶段的学习者，需要开展符合其心理特征的学习活动和提供相关内容。这方面的重要理论研究包括皮亚杰的认知发展学说、乔姆斯基的语言发展理论、马斯洛等人

---

[1] Smith&Ragan. 教学设计(第三版)[M]. 庞维国, 等译. 上海：华东师范大学出版社，2008：89.

的需求层次理论等。学习者的一般特征可影响教学方法的选择、教学媒体和组织方式的选择等。

4) 变化的差异性

变化的差异性体现为学习者的初始能力，包括价值观、人格状态、智力的个性化发展水平和先前知识技能。处于同一年龄的学习者，也很有可能会有不同的发展水平。另外，个体先前学习经验上的差异，会对之后的学习产生重要影响。变化的差异性对组织策略的决策具有重要的指导意义。教学设计者需要考虑学习者特定的先行知识，分析其起点技能，以确定学习内容的介入点。

(二)在线学习者特征分析

参与在线学习的学习者大多数都是成人，年龄在 25~50 岁之间，对成人学习性质的理解，是分析在线学习者特征的基础。值得注意的是，虽然在线学习者多数是成年人，但不意味着他们都是成熟的学习者，很多人的自主学习能力，尤其是基于网络的学习能力还比较弱。另外，在线学习者的分析还要考虑由于学习环境的变化给其学习心理带来的影响。

1. 成人学习者的一般特征

随着成人教育项目的普及，关于成人学习的理论也得到发展，包括对成人学习者特征的分析、成人的有意义学习和转化学习理论等。其中著名的成人学习理论家马尔科姆·诺尔斯指出成人学习者具有以下特点。

- 成人学习者倾向于获得学习活动的控制权，并能够对自己的学习负责；
- 喜欢自主确定所要学习的内容或了解学习内容与自身的需求是否相关；
- 成人喜欢自己决定学习内容、方式、时间和地点；
- 具有丰富的经验，可以把经验作为自己的学习资源加以运用；
- 把学习作为一种解决现实问题的必要手段，需要获得的信息应该与现实生活息息相关；
- 有内发的自愿学习的动机。[①]

---

① 迈克尔·穆尔，格雷格·基尔斯利. 远程教育系统观[M]. 王一兵主译. 上海：上海高等电子音像出版社，2008：161-162.

莫里森(Gary R. Morrison)也指出教学设计时需要了解成人学习者的一般特征和认知风格并加以区别对待,这些特征包括下列各点。

- 具有强烈参与学习与培训的动机,他们更喜欢系统化的、具有明确具体的目标或要求的项目;
- 更想了解课程内容对他们有何益处,希望学习材料具有相关性,善于掌握实用的教学内容;
- 时间对于成年人尤其重要;
- 尊重专业知识丰富、教学富有成效的教师;
- 具有丰富的工作和社会经验;
- 具有自我指导能力和独立性,倾向于将教师作为学习的引导者;
- 愿意参与课程设计,希望与教师合作,共同完成需求与目标评估、活动项目的选择以及学习结果的评估;
- 缺乏灵活性,形成了习惯性的处事方式;
- 希望团队合作和社会活动。[①]

成人学习者的学习动机多样复杂且易变,可能和很多方面有关,比如职业准备、技能提升、社会交往需要、认知兴趣等。霍尔在《探究心智》一书曾指出成人学习者有三种独立学习倾向:目标倾向的学习者,认为教育是实现其他目标的工具;活动倾向的学习者,受活动本身吸引和出于社会交往的需要而参加教育活动;求知倾向的学习者,为了求知本身而学习。[②]乌美娜等学者也指出,成人学习者具有学习目的明确、实践经验丰富、自学能力较强、愿意参与教学决策、注重教学效率等特点。[③]

2. 在线学习者的一般特征

考虑在线学习环境的变化,结合上述学习者学习准备和学习风格的要素分析,在线学习者的下述特征需要在设计中加以考虑。

- 一般特征方面,学习者多为成人,大都具有很好的学习主动性,性别倾向性并不明显,学习者群体的经济、文化和种族背景极为多元。

---

① Morrison,Ross&Kemp. 设计有效教学[M]. 严玉萍译. 北京:中国轻工业出版社,2007:55-56.
② 雪伦・B.梅里安等. 成人学习的综合研究与实践指导(第 2 版)[M]. 黄键,等译. 北京:中国人民大学出版社,2011:48
③ 乌美娜. 教学设计[M]. 北京:高等教育出版社,1994:114-115.

- 初始能力方面，很多学习者具有丰富的工作经验和学习经验，虽然在开放在线课程中注册并学习的人员的先决技能很难估计，但能够选择课程的学习者一定会根据课程的介绍对自身的学习能力有所评估。
- 认知特征方面，在线学习者大多数为成人，其信息加工风格基本定型并个性化，喜欢系统化的知识体系，有自己选择学习内容、学习时间、学习地点的倾向性，喜欢自己控制学习节奏，并能够对自己的学习负责，希望学习内容和先前经验、职业或个人兴趣相关度高，愿意接受有条理的案例。
- 从生理特征的角度来看，喜欢在线学习的学习者通常有较好的视觉学习表现，场独立型的学习者独立性较强，更有可能会完成学业。另外，在线学习者喜欢学习内容多样化，尤其是内容呈现方式多样化。
- 情感特征方面来看，在线学习者有比较明显的学习焦虑水平和顾虑，对个人的能力水平不确定，尤其是在课程实施初期，随着学业的深入和积极反馈增加，这种焦虑度会逐渐下降；在线学习者一般具有较高的兴奋度和积极性，希望体会到学习的乐趣，完成学业的学习者的满意度较高。另外，在线学习者自愿学习倾向强，有较高的内在动机，希望参与与问题解决相关的深度学习。
- 社会性特征方面，在线学习者有参与到学习中的强烈愿望，学习过程中有孤独感，希望来自权威人士的指导，可以是教师，也可以是同伴中表现优秀的学习者。希望在学习过程中遇到困难时能够予以支持，有较强的互动意愿和协作学习能力。
- 环境需求方面，在线学习者的时间往往比较碎片化，顾虑技术使用方面的障碍，喜欢熟悉的界面功能和设计，希望提高学习效率。

(三)在线学习者分析的具体方法

常规的学习者分析方法包括采用成熟的测量量表(如能力倾向测试、学习风格量表)、问卷调查、访谈、观察、测试评估等。对在线学习者特征的数据收集一般在课程开设前或结束后，比较方便的方式是采用在线问卷的方式，多次运行的在线课程还可以通过收集学习者的在线问题获得相关信息，对授课教师和助教团队的访谈也有助于学习者特征的数据收集。

1. 在线学习者分析维度

通过对学习者的特征分析获得的各种可能影响学习的因素指标,是设计者在设计学习内容和学习互动时需要考虑的要素。这些要素包括学习内容的组织和呈现方式、学习的步调、技术支持、知识单元的大小、学习者支持、互动和评价设计等各个方面,本书将在后续章节逐一讨论。

以在线学习资源和学习活动设计为例,从学习者特征的角度而言,在线学习材料中应包括有适合不同学习风格的学习活动,使学习者可以根据喜欢的学习方式选择适当的活动。比如有的学习者喜欢参与到具体的案例之中来学习,有的更喜欢向同伴学习。又比如,反思-观察类型的学习者采取任何行动之前都要仔细观察。他们喜欢将所有信息用于学习,将老师看作专家。他们倾向于避免与他人互动。抽象-概念型学习者喜欢理论研究和系统分析。行动-经验型学习者喜欢在实践项目中学习和参与小组讨论。他们喜欢主动的学习方法,愿意与同伴交互,他们也倾向于建立自己的评价体系。一个有效在线课程应该可以提供足够的支持活动以适应学习者不同的学习风格。

因为受众的不确定性,在线学习者的分析变得更为复杂,不过每门课程都有其预设的目标学习者,在开始学习前,非常有必要了解他们先前学习的经历、技术背景、对课程的期望、获取资源的经济状况、访问网络的情况、带宽限制、其他学习准备方面的相关信息准备和能充分参与到在线学习中的能力。对于设计者而言,需要考虑利益最大化和满足学习者的个人需求二者之间的平衡。比如,是选择那些学习者已经熟悉和能够访问的技术,还是那些新的、学习者并不熟悉的,但预计将被广泛使用的技术。

2. 在线学习者分析的问题设计

分析的问题要涵盖学习者的起点技能、已有知识、对学习该内容的态度、对学习环境的要求、学习动机、受教育水平和能力水平、一般性的学习偏好、对培训组织的态度、群体的一般特征等问题。

以上海外国语大学的《跨文化交际》为例,在每次开课之前,FutureLearn 会对已经注册课程的学习者发放问卷,在课程结束之后还会给所有参与课程的学习者再次发放一份问卷。

课前问卷主要询问学习者的学习意愿、一般特征等信息。主要题干包括下述各项：

- 请问您是如何知道本门课程的？
- 您希望在这门课程中获得些什么？
- 您学习这门课程的主要原因？
- 您希望在 FutureLearn 上如何学习，请从"特别不喜欢"到"特别喜欢"评价不同类别的学习方式。
- 您对以下哪些主题领域有兴趣？
- 您以前参加过以线上形式为主或者完全线上的课程吗？包括 MOOCs？
- 您参加过哪类在线课程？
- 您希望在哪里学习此次课程？
- 请分享您对 FutureLearn 的任何期望或想法。
- 您目前居住在哪个国家？
- 您的年龄属于以下哪一范围？
- 您的性别？
- 您的就业情况？
- 您目前的就业领域？
- 您所完成的最高教育水平是？
- 您是否有残疾、长期健康疾病、精神健康问题、学习障碍(如诵读困难)或其他身体或精神障碍？

课后的问卷主要是判断学习者对课程的满意程度，主要题干包括下述各项：

- 您在 Futurelearn 平台上学习这门课程的感觉如何？(请在每一行选择最恰当的选项)
- 在该网站上找到符合自己学习方法的难易程度？
- 您认为该课程的设计和内容如何？
- 您认为教育工作者的投入程度如何？
- 课程难度与您的期望之间的关系？
- 您大概多久访问一次课程？
- 您感觉课程时长怎么样？

- 您在哪儿学习该课程？
- 您最喜欢课程的哪一部分？为什么？
- 您最不喜欢课程的哪一部分？为什么？
- 课程应该怎样改进？
- 您是否有购买本课程参与声明的可能性？
- 您为什么对参与声明感兴趣？
- 您怎样评价自己在该课程中的体验？
- 您是否愿意把该课程推荐给朋友？
- 课程结束后，您将如何保持自己对本课程的兴趣？
- 接下来您想要学习什么？

第五章 在线学习任务设计

通过学习需要分析我们可以了解该课程需要达到的宏观学习目标和学习者现状，本环节将根据二者的差距，进一步确定学习者在完成本课程时应掌握的知识、技能和预期的学习结果。这个环节需要经过两个步骤：其一是确定该课程的具体学习目标，其二是根据学习目标确定需要完成的学习任务。

与一般课程一样，一门在线课程也是由若干个自成系统、自为一体的学习单元组成。[①]单元作为一门课程内容的划分单位，一般包括一项相对完整的学习任务。[②]学习任务分析是将复杂的学习目标分解为更简单的、可以控制的成分的过程。学习任务分析要分析所需的知识和技能，也包括需要进行的思维活动和行为，是在前期需求分析、学习者分析和学习环境分析的基础上，确定宏观的学习目标，并采用分析技术对目标进行分解，确定具体的学习目标，最后形成和具体目标相对应的知识和技能框架的过程。学习任务分析和确定是教学设计中最为关键的步骤，是后期内容选择和组织、教学策略确定、学习资源开发和设计学习活动的基础。

一、分解宏观学习目标

课程的学习目标是一门课程、某个具体单元、某节课对学生的学习要求。学习目标的确定要反映出学习者的现状和期望标准之间的差距。由于所持有的教育哲学理念的不同，对学习的规律、知识的性质和价值的理解存在差异，对学习目标的取向会有所不同。学习目标的确定是和具体的知识类型、学习结果有关，最有影响的学习目标分类是布鲁姆的目标分类学和加涅的学习结果分类，这两种学习目标分类体系都以知识分类为基础，根据不同的知识类型确定相应的学习类型。因此，本节将首先介绍各种学习分类的体系，在此基础上再介绍不同类型的知识学习。

---

① 乌美娜. 教学设计[M]. 北京：高等教育出版社，1994.
② 张祖忻，章伟民等. 教学设计——原理与应用[M]. 北京：高等教育出版社，2011：58.

(一)学习目标的分类

加涅、布鲁姆、安德森、瑞格鲁斯等人均指出学习结果有层级性，个体的学习有累积性，只要适当安排学习内容，个体的学习就可能从简单逐级向复杂迁移，最后完成高层次的学习任务。

1. 学习目标分类的相关理论

加涅将学习结果分为智力技能、认知策略、言语信息、动作技能和态度五种。[①]其中智力技能是个体学会了使用符号与环境相互作用的能力，其复杂程度从低到高分别是辨别、具体概念、规则和定义性概念、高级规则，而学习高级规则的目标指向问题解决。认知策略是学习者用以调节自己注意、学习、记忆和思维等内部过程的技能。言语信息是能够在记忆中存储名称、事实和观点等信息，并能够在需要时表述出来。动作技能是个体完成某种规定的动作，能将动作组织成流畅、规范和准确的行为的能力。态度是指影响个体行为选择的某种内在状态。

布鲁姆提出教育目标应该分为认知领域、情感领域和动作技能领域。认知领域包括知识的回忆、辨认以及与智力能力和技能发展有关的目标，从低级到高级的顺序为知道、理解、应用、分析、综合和评价。[②]情感领域涉及兴趣、态度、价值和欣赏等，根据逐步提高的内化程度分为接受、反应、价值判断、组织、价值观或价值体系的个性化。[③]

辛普森把动作技能领域的教育目标分为七类，即知觉、准备、有指导的反应、机械练习、复杂的外显反应、适应和创造。[④]梅瑞尔针对认知领域的学习，认为知识由行为水平和内容类型构成了两维分类，行为维度包括记忆、应用和发现三种水平，内容维度分为事实、概念、程序和原理四种类型。[⑤]

瑞格鲁斯(Reigeluth)在总结加涅、布鲁姆、梅瑞尔等人关于学习结果分类的基础

---

① [美]加涅. 学习的条件和教学论[M]. 皮连生，等译. 上海：华东师范大学出版社，1999：46-64.
② 布鲁姆等. 教育目标分类学——认知领域[M]. 罗黎辉，等译. 上海：华东师范大学出版社，1986：19.
③ 克拉斯沃尔，布鲁姆等. 教育目标分类学——情感领域[M]. 施良方，等译. 上海：华东师范大学出版社，1989：47-66.
④ 哈罗，辛普森等. 教育目标分类学——动作技能领域[M]. 施良方，等译. 上海：华东师范大学出版社，1989.
⑤ 高文. 教学模式论[M]. 上海：上海教育出版社，2002：223.

上，把学习的类型分为记忆信息、理解关系、运用技能、运用通用规则等。其中的运用通用规则是指"高级的思维技能、学习策略和元认知技能，它是可以通用于各个学科领域的问题解决能力，为学习的最高级类型。"[①]个体的学习是累积性的，只要适当安排学习内容，个体的学习就可能从简单逐级向复杂迁移，最后完成高层次的学习任务。

安德森等人在 2001 年对布鲁姆的认知领域学习目标进行了修订，将知识分为四类，并将认知过程分为记忆、理解、运用、分析、评价和创造。其中记忆表明从长时记忆系统中提取有关信息；理解是指从口头、书面和图画传播的教学信息中建构意义；运用是指在给定的情境中执行或使用某程序；分析是把材料分解为它的组成部分并确定各部分之间如何相互联系以形成总体结构或达到目的；评价是依据标准或规格作出判断；创造是将要素加以组合以形成一致的或功能性的整体，将要素重新组合成为新的模式或结构。[②]

各种分类虽然表述不尽相同，基本上都是从两个维度加以考量的，一个是知识的类型维度，一个是知识掌握的难易程度。各位学者对认知领域的学习结果分类见表 5-1。记忆、辨识等学习结果是学习的低阶阶段，运用通则或者高级规则、创造等学习结果是学习的高阶阶段。关于学习的层级，加涅提到学习过程是从低阶向高阶的学习发展，问题解决是高级规则的学习过程。问题解决可以看作是规则学习和图式学习的自然延伸，通过问题解决，"学习者发现一个由先前习得规则所组成的联合，并计划运用这些规则去获取新的问题情境的答案。"[③]但是加涅同时指出，问题解决并不仅仅是简单地运用规则，也是一个产生新的学习的过程。在问题解决过程中，学习者会尝试许多假设并检验它们的可用性，当找到适合这一情境的规则时，学习者不仅解决了问题，而且也学会了某些新的东西，这些新东西实质上就是"高级规则"。一个设计良好的学习任务，应该能够为学习者解决某个问题提供获得相应知识和技能的学习机会。

---

① Reigeluth, C. M. Instructional Design Theories and Models, Volume II: A new paradigm of instructional theory[M]. Mahwah, NJ: Lawrence Erbium Associates, 1999：54.
② 安德森. 学习、教学和评估的分类学[M]. 皮连生主译. 上海：华东师范大学出版社，2008：27-28.
③ [美]加涅. 学习的条件和教学论[M]. 皮连生，等译. 上海：华东师范大学出版社，1999：176.

表 5-1　认知领域的学习结果分类汇总

加涅	布鲁姆	安德森	梅瑞尔	瑞格鲁斯
辨别	知道	记忆	记忆	记忆信息
具体概念	理解	理解	应用	理解关系
规则和定义性概念	应用	运用	发现	运用技能
高级规则	分析	分析		运用通用规则
	综合	评价		
	评价	创造		

2. 知识分类的相关研究

哲学、心理学、社会学、教育学、计算机科学等学科根据不同标准对知识的类型进行了不同的划分，赖尔在《大脑的概念》中将知识分为"了解是什么"和"了解如何做"两类。[①]"了解是什么"的知识包括事实和原理，即陈述性知识；"了解怎么做"的知识指的是行为能力，即程序性知识。陈述性知识是关于事实的知识，是关于自然、任务等的一般性知识，一般是描述性的，通常包括有关某一具体事实、事件、经验性概括的断言，同时还包括反映真实本质的较深刻的原理。程序性知识是指关于如何做某事的知识，是操作性的实践知识，在各种研究中被称为行动分析、认知技能、专门技术、策划、问题解决、程序学习以及情境认知等。程序性知识包括智慧技能、动作技能、认知策略，其中认知策略是调节、支配自己学习和思维过程以提高学习效率的一套程序。为了强调认知策略的重要性，有学者把认知策略单独作为一类知识——策略性知识。比如 1987 年梅耶从广义知识观的观点出发，在综合了加涅和安德森知识观和技能观的基础上，将专家的认知结构用陈述性知识、程序性知识、策略性知识加以描述。其中的策略性知识是专家认知结构中的最高层次，也是区别专家与新手的重要指标，是指学习、记忆或解决问题的一般方法，包括应用策略进行自我监控。[②]另外，知识管理研究中，比较著名的是波兰尼对知识的分类，即"从知识的存在形态上将知识划分为显性知识和隐性知识"。[③]

---

① George J. Posner. 课程分析[M]. 仇光鹏，等译. 上海：华东师范大学出版社，2007：81.
② 衷克定. 教师策略性知识的成分与结构特征研究[J]. 北京师范大学学报(人文社会科学版)2002(4)：35-42.
③ 迈克尔·波兰尼. 个人知识[M]. 许泽民译. 贵阳：贵州人民出版社，2000.

布鲁姆将知识"由简单行为到复杂行为,由具体或有形到抽象或无形这样一个次序加以编排"[①],将知识分为具体的知识、处理具体事物的方式方法的知识和学科领域中的普遍原理和抽象概念的知识。由安德森等人编著的《学习、教学和评估的分类学——布鲁姆教育目标分类学修订版》一书中进一步把知识分类为事实性知识、概念性知识、程序性知识和元认知知识。[②]本书采用安德森等人的分类体系,将学习的知识分为事实性知识、概念性知识、程序性知识和元认知知识(策略性知识),具体内容如下。[③]

事实性知识是学生通晓一门学科或解决其中问题所必须知道的基本要素,这些要素总以不变的形式出现,通常是一些与具体事物相联系的符号或"符号串",它们传递重要信息。事实性知识分为两个亚类,即术语知识与具体细节和元素知识(事件、地点、人物、时间、信息源等知识)。

概念性知识涉及类目、分类和它们两者或多者之间的关系,是较为复杂和有组织的知识形式,表明能使各成分共同作用的较大结构中基本成分之间的关系。概念性知识包括三个亚类:分类和类目的知识、原理和概括的知识、模型和结构的知识。分类和类目是原理和概括的基础,后者又是理论、模型和结构的基础。概念性知识和事实性知识的区别在于,事实性知识表示分散孤立的点滴信息,而概念性知识表示更为复杂的有组织的知识形式。

程序性知识是指"如何"做"事"的知识。这里的"事"范围广泛,从完成相当固定程序的练习到解决新颖的问题。程序性知识通常以一系列要遵循的步骤的形式出现。它包括技能、算法、技术和方法的知识,有三个亚类:具体学科的技能与算法的知识、具体学科的技术和方法的知识、决定何时运用适当程序的标准的知识。

元认知知识也是反省认知知识,一般指关于认知的知识,也指个人对自身的意识和知识,包括不同策略的知识(关于任务的知识)、认知和动机两方面的自我的知识、包括情境性和条件性知识在内的关于认知任务的知识。

---

① 布鲁姆. 教育目标分类学第一分册认知领域[M]. 上海:华东师范大学出版社,1986:59-71.
② 安德森等. 学习、教学和评估的分类学——布卢姆教育目标分类学修订版[M]. 皮连生主译. 上海:华东师范大学出版社,2008:38-55.
③ 安德森等. 学习、教学和评估的分类学——布卢姆教育目标分类学修订版[M]. 皮连生主译. 上海:华东师范大学出版社,2008:38-55.

对知识的分类方法各有其合理性和应用价值，至于在实践中选择哪种分类标准，要以方便学习目标描述和学习内容确定为原则。

(二)确定知识学习的类型

从知识的分类看，学习的方式有三种：一是关于这个领域知识的增长，主要是事实和概念性知识的学习；二是关于这个领域技能的增长，主要是程序性知识的学习；三是关于策略的增长，即策略性知识的学习。在心理学研究中，事实和概念性知识往往以图式的形式组织，而程序性知识通过产生式表征组织。知识的掌握具有层级性，在许多有关问题解决和技能获得的理论中，事实和概念等陈述性知识往往作为程序性知识的预备性知识而存在，如安德森(Anderson)认为"程序性知识可以通过练习获得，陈述性知识是学习程序性知识的基础"。[1] 学习者必须首先将相关的知识编码成陈述性知识，然后再转化为产生式。加涅也曾提到问题解决就是高级规则的运用，"学习者被置于一个问题情境中，试图运用已掌握的规则解决问题，在这个思维过程中学习者发现一个由先前习得的规则所组成的联合，并计划运用这些规则去获取一个新的问题情境的答案。"[2]

1. 事实概念性知识的学习

在学习过程中，事实性知识和概念性知识是以图式的方式组织起来的。目前研究表明，图式对问题解决会产生重要影响，它影响解决者对问题的理解、策略的选择以及问题的表征等。在前面的论述中我们提到，陈述性知识在头脑中是由若干相互关联的节点组织而成的语义网络，其组织的主要方式就是图式。马歇尔(Marshall)列出了问题图式包含的一些知识类型，"包括典型特征的知识或特征结构知识、抽象知识、范例知识、计划性知识和问题解决的算法"。[3]人们在解决问题的过程中，从对问题情境的知觉到对问题的理解，再到问题解决方法的获得，都会受到图式的影响。图式可以提供相关的知识和意义以补充问题情境缺失的或隐藏的信息，这样，问题解决者就能够迅速理解问题的本质。反之，问题解决过程也是获得图式的重要渠道，在解决问

---

[1] Anderson, J.R.(1983).The architecture of cognition. Cambridge，MA：Harvard University Press.
[2] [美]加涅. 学习的条件和教学论[M]. 皮连生，等译. 上海：华东师范大学出版社，1999：2.
[3] Marshall,S.P.(1995).Schemas in problem solving. Cambridge: Cambridge University Press.

题的过程中图式经过调用、修正，或概括化、专门化，可以形成新的图式。

图式获得有两种机制：基于相似性的学习和基于解释的学习。实验表明，人类学习复杂信息时两种机制都能使用，因此对于图式的学习可以采用实例的原理学习和例题的类比学习两种方式。[①]

基于相似性学习的理论假设是：图式或概念形成是通过抽取多个实例的相似性形成的。通过问题解决，学习者可以通过分析问题建构起相关的原理性知识，形成对某种概念、规律和关系的理解。学习者通过当前问题的特征及特征间的联系，可能会回想起先前的一个实例。这一回忆可激活与当前问题有关的先前问题中的抽象信息或原理。获得共同的原理后自然有助于理解新情境或解决具体具有相似结构的新问题。所以，实例的学习有助于抽取一般原理或程序并应用于新问题中。

基于解释性的学习机制认为学习者通过运用背景知识建构实例的解释，可以从单个实例中获得图式。罗伯森(Robertson)指出，"在一个不熟悉的领域中，是不容易从问题中归纳出一个原理图式的，因此采用例题—类比也许更有效，也就是用从源问题那里模仿来的行动系列来解决靶问题。"[②]通过问题解决，学习者可以获得某类问题图式，形成相应的问题解决技能。对相似问题的重复练习可以使图式日臻完善，最终，问题解决者或者直接唤起图式，或者唤起变化的能激活图式的例题。

2. 程序性知识的学习

一般来说，图式可用于辨别问题的类型和在一个相当概括的水平上指出这种类型的问题应该怎样解决，对于怎样解决某一具体问题的详细知识则依赖于对解决问题的具体程序性知识的考察。程序性知识是指"关于如何做某事的知识，是操作性的实践的知识"，可用"知道怎么做"(Knowing how)来表示。程序性知识在各种研究中被称为行动分析、认知技能、专门技术、策划、问题解决、程序学习以及情境认知等。

人类解决问题的知识，也就是程序性知识，可以表示为产生式系统，产生式系统是形成问题解决过程，特别是这一过程中形成程序性知识或技能的基本方法。产生式系统由一组有序的产生式(Production)组成。

很多研究表明产生式的获取过程就是学习程序性知识的过程，如做中学、例中

---

① 金慧. 基于问题解决的学习支持[M]. 长春：吉林大学出版社，2011：185.
② S.Lan Robertson. 问题解决心理学[M]. 张奇译. 北京：中国轻工业出版社，2004：168-219.

学、基于事例的推理等模式都是学习产生式的较佳途径。

所谓"做中学",就是通过解决具体问题而进行的学习。在这种方法中,学习材料是一系列问题,学习者的任务就是利用已经学会的知识解决这些问题,从而学会解决其他类似的问题。问题的背后往往隐含着某种关系,通过问题解决,学习者可以对其中的基本关系形成一定的理解,而这种理解的合理性和有效性又在问题解决活动中得以检验。另外,在解决问题的过程中,学习者往往需要将最终目标分解为若干个子目标,为解决最终的问题,首先要解决一系列的子问题,这些子问题的解决也会导致新知识的建构。

所谓"例中学",就是通过考察实例进行学习,在这种方法中,学习材料是一些实例(如概念的正例和反例,一系列有解题步骤的例题等),学习者的任务是通过考察实例获取相应的知识。通过演示专家解决问题或实验的分步操作,使学习者能够清晰知道解决问题的各个步骤之间的关系和顺序,使学习者能够建立起简洁的产生式。

综上所述,可以通过例中学或做中学的方法使学生获取程序性知识。两者的差别在于,通过实例学习的条件下,例题只给出正确途径;而在边做边学的条件下,学习者不仅知道正确的,也知道错误的通路。

3. 问题解决策略的学习

问题解决策略是指问题解决的过程中,在元认知活动的作用下,调用(或发现)问题解决的方法,有效地组织问题解决的认知操作活动,使认知操作活动实际起到消除问题"障碍"的作用,达到问题解决目的的一种内部心理机制。任何一个问题要得到解决,总是要运用某个策略,问题解决的策略是否适宜,常常决定问题解决是成功还是失败。人们在问题解决的过程中,时常需要从长时记忆中提取以前解决类似问题时所使用的策略,或者是形成一个新的策略。而且,在具体的问题解决过程中,还会因实际情况出现策略的变换现象。问题解决策略分为一般策略和特殊策略,一般策略可应用于好几个问题解决领域,而不管其内容如何;特殊策略则只在特定的领域中有用。当问题解决方案不能清晰地呈现时,个体通常可以采用一般策略,比较有用的一般策略有产生—检验策略、手段—目的分析、类推和头脑风暴等。

学习者在问题解决过程中可以获得问题解决策略。问题解决活动有可能使学习者更主动、更广泛、更深入地激活自己原有的经验,理解分析当前的问题情境,通过积极的分析、推论活动生成新理解、新假设,而这些观念的合理性和有效性又在问题解决活动中自然地得以检验，其结果可能是对原有知识经验的丰富、充实，也可能是对原有知识经验的调整、重构。

当然，问题解决策略也是需要培养的，有各种各样的方式能帮助学习者提高问题解决的技能，如帮助学习者用自己的话对每个问题进行描述、画出草图、找出相关信息，逐步设计目标、子目标、首选子目标，分析能够解决问题的途径等。另一种帮助学习者的方法是鼓励他们从各个角度来看问题，组织信息的不同方法对解决问题是有帮助的。

二、在线学习任务分析

通过任务分析可以把宏观学习目标分解为若干简单的子目标，分析实现该目标所需技能和知识，并以此确定需要完成的学习任务。下一步需要根据知识类型和学习的层级，将具体的学习目标编写为问题，这些问题可以通过若干学习任务完成。

(一)学习任务分析方法

学习任务分析方法，是通过选择学习内容、划分学习单元、安排单元顺序、对学习内容进行分类等环节，得出课程内容的知识和技能框架。[1]根据学习的不同类型，可以采用不同的分析方法。

加涅曾详细论述了学习分析的层级分析法，也有人称之为信息加工法。乌美娜等总结的分析分类方法有归类分析法、图解分析法、层级分析和信息加工分析法。张祖忻教授在此基础上增加了综合分析和目标分析法。[2]莫里森等论述的分析方法有主题分析、程序分析和关键动因法。[3]迪克和凯瑞采用的学习分析方法有层级分析、程序分析、聚类分析和整合方法。对于学习任务的分析方法的选择主要需要考虑如何选择和组织模式适应的分析方法、如何根据知识类型确定适合的学习序列、确定每个单元的学习目标和内容、确定合理的反馈和评价方式等问题。本节根据在线课程中知识的主要类型，将重点介绍图解法、层级分析法、信息加工法、绩效分析法。

---

[1] 李龙. 教学设计[M]. 北京：高等教育出版社，2010：106.
[2] 乌美娜. 教学设计[M]. 北京：高等教育出版社，1994.
[3] Morrison,Ross&Kemp. 设计有效教学[M]. 严玉萍译. 北京：中国轻工业出版社，2007：70-84.

1. 图解法

图解法可以明确特定学习任务的内容以及组成成分，是通过分析概念之间的逻辑关系，简单扼要地用图形或符号表征出来的方法。图解法特别适合分析学习任务中的大概念或大观点，主要分析一个大的学习任务(需要解决的问题)中涉及的事实、概念、原理和规则，以及相互之间的层级关系和逻辑结构，这些信息组成了学习的内容结构或知识结构。

用于图解法的工具有概念图、思维导图等。图解法的步骤如下所述。

(1) 判断所需的知识内容；

(2) 提炼所属事实、概念、原理；

(3) 将相关的事实、概念、原理分组；

(4) 将各组成分按逻辑关系排列；

(5) 绘图。

图解法可以用于知识点的梳理和主题的组织，如图 5-1 所示。

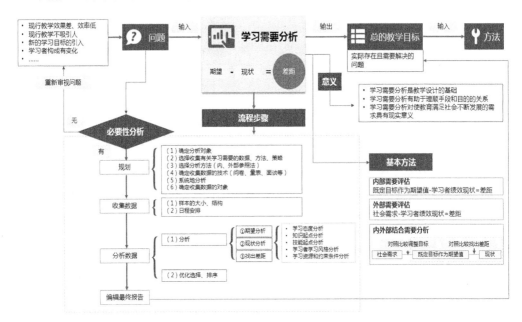

图 5-1　学习需要分析知识点梳理

图解法可以帮助设计者厘清学习任务中所涉及知识之间的关系，非常适合对在线课程的组织架构进行梳理。

2. 层级分析方法

层级分析法是分析完成学习任务所需的从属技能,是逆向分析的方法,从最后的学习目标入手,逐步分析为完成该任务,学习者需要具备的下一级知识技能,这些技能就是完成该任务的先决条件。加涅指出,先决条件有两类,一类是必要性先决条件,也就是在获得下一能力前必须要先学习的任务;另一类是支持性先决条件,就是可以使新的学习更快更容易。层级分析法的步骤如下所述。

(1) 确定学习任务的最终目标;

(2) 分析完成该目标所需的必要和支持性先决技能;

(3) 重复上一过程,直到明确为学习者所知的技能。

层级分析法适合对各类学习任务的分析,不过更适合做微观的知识点的分析。层级分析法可以分析出每个单元的教学起点,也有助于对学习内容的排序。在在线学习过程中,层级分析法主要可以用于一个单元内容学习任务的分解和排序。

以"设计并制定微视频的教学方案"这一学习任务为例,采用层级分析法的步骤如图 5-2 所示。

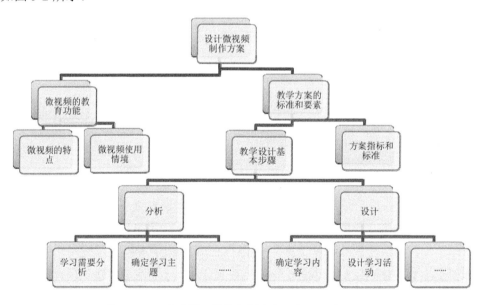

图 5-2 "设计微视频的教学方案"学习任务的层级分析

3. 信息加工法

信息加工分析法,也有人称之为程序分析法,即通过明确完成任务时所需步骤对任务进行分析，也就是把任务分解为学习所需的步骤。通过分析问题解决的过程，了解问题解决模型中的关键要素，分析在每个步骤中学习者应该做什么、若采取这个步骤需要了解什么、如何确定已经完成了该步骤等。信息加工分析法的步骤如下所述。

(1) 写出完成一个任务所需要的所有步骤(包含心理操作步骤)；
(2) 找出需要学习的所有步骤；
(3) 对需要学的步骤，辨别任务的种类，再进一步作内容分析。

信息加工分析法不但可以清楚标出终点目标和过程中的步骤，也揭示了在确定各分步骤的基础上，还应考虑每个步骤需要学习的知识和技能。图 5-3 所示表明完成制作节日海报这一任务的基本程序步骤。

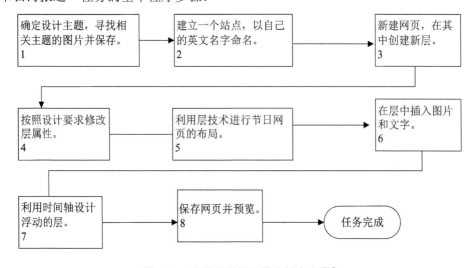

图 5-3　利用层进行布局的基本步骤①

4. 绩效分析法

绩效分析的主要目的是判断学习者对问题的理解和解决能力，作为后续学习和提供支持的依据。主要内容有学习者需要掌握的先决技能有哪些？解决问题需要达到的绩效目标是什么？学习者需要采取的手段或解决方案可能有哪些？系统可以提供的支持信息和支持工具有什么？通过绩效分析，不但可以确定学习者解决该问题所需的先决技能，同时也可确定解决问题后要达到的目标，因此，一个好的绩效分析可以确定该问题的既定状态、目标状态的表征，也可以确定支持学习者解决该问题的支持信息

---

① 张祖忻，章伟民等. 教学设计——原理与应用[M]. 北京：高等教育出版社，2011：109.

和策略。绩效分析是一种整合的分析方法，可以包括信息加工、层级分析。以教学设计课中的"编写具体学习目标"内容为例，绩效分析的结果见表5-2。

表5-2 "编写具体学习目标"的绩效分析

需要掌握的先决技能
　　学习需要分析
需要达到的绩效目标
　　学习者应该会：
◆　识别和书写一个恰当的学习目标
◆　得出一个学习目标的任务分析
◆　得出一个学习目标的先决技能分析
◆　对不同的学习类型进行定义、举例、识别和描述
◆　当给定一个学习目标时，能得出完整的学习任务分析
为了达到以上的目标，具体应该解决的问题有：
◆　简述有关学习目标的研究背景
◆　给学习目标下定义
◆　阐释布鲁姆关于认知学习的分类，指出它和加涅分类的共同点和区别
◆　阐释动作技能学习的分类
◆　阐释关于情感学习的分类
◆　从两个方面举例说明各类学习目标的相互联系
◆　用实例说明编写学习目标的基本要求
······
学习者需要采取的学习活动
　　相关的知识学习(概念、事实、原理、程序步骤)
　　相关的实践练习(分类、距离、操作程序步骤、解释)
　　学习报告和案例分析
系统提供的支持
　　知识点的讲解、案例(正例和反例)、案例分析(高亮显示、错误提示、讲解等)、各种学习目标描述的模板、任务分析的过程演示、任务分析模板

(二)编写具体学习目标

通过任务分析可以把宏观学习目标分解为若干简单的子目标，这些子目标可代表不同类型的知识学习和可达到的学习结果。

1. 编写具体目标的方法

具体学习目标是表明学习者通过某个单元或者某节内容学习后能够做什么的一种

明确、具体的表述。① 在课程设计的理论视角一节中,我们探讨了行为主义、认知主义、建构主义和联通主义的课程设计理念,其中的重要区别就是对教育目标的取向不同。本节将进一步探讨不同价值取向在课程设计中编写具体学习目标的方法。

1) 基于外部行为表现的目标

基于外部行为表现的目标主要描述学习者的行为变化,适用于结构化知识和技能的掌握。梅格(Mager)指出,教学目标必须包括三个组成部分:要学生外显出来的行为表现;能观察到这种行为表现的条件;行为表现公认的准则。② 这些组成部分可以用 ABCD 法来表示。③

- A——对象 audience,即应写明教学对象;
- B——行为 behaviour,即应说明通过学习,学习者能做什么;
- C——条件 condition,即应说明上述行为在什么条件下产生;
- D——标准 degree,即应规定评定上述行为是否合格的标准。

梅格的目标编写原则更强调学习者表现出来的行为,并以此评估他们是否掌握了所要求的知识和技能。一个目标就是期望能够获得的改变学习者行为的效果。首先,需要注意的是,在编写行为表现目标时,其主语是学习者,比如,"(学习者)能列举进行学习任务分析的三种主要方法""能够辨别所教内容的知识和学习类型",等等。

其次,要使用能够描述行为的动词。可以根据布鲁姆和安德森关于学习目标的描述选择相应的动词表述。比如,和理解这一学习结果有关的动词可以是:"分类、描述、解释、鉴别、选择、转换、翻译、举例、说明、改述";和创造有关的动词可以是:"设计、计划、管理、组织、修改、建议、建立、建构"等。

第三,表明学习行为的条件。条件表明学习者表现行为时所处的情境,比如,"是不是能参考指定的书""是不是有时间限制"等。条件包括:环境因素(如空间、光线、室内、安静或者噪音等)、人的因素(如个人完成、小组合作完成、在教师指导下完成等)、设备因素(如使用工具、说明书、计算机、网络等)、信息因素(如参阅资料、教科书、笔记、词典等)、时间因素(速度和时间要求)、提示因素(如提供的

---

① 乌美娜. 教学设计[M]. 北京:高等教育出版社,1994:129.
② 施良方. 课程理论——课程的基础、原理与问题[M]. 北京:教育科学出版社,1996:95.
③ 张祖忻,章伟民等. 教学设计——原理与应用[M]. 北京:高等教育出版社,2011:126.

思路、可以使用的规则)等。①

第四个要素是期望达到的水平，也就是可以接受的成绩的最低限度，回答诸如："做得怎么样？""达到什么程度""有多精确""准确率如何"等。②

有学者指出，基于行为表现的目标描述要符合 SMART 原则，即目标是具体的、可以衡量的、可以达到的、可以证明和观察和具有明确的截止期限。③

2) 基于认知活动的目标编制

基于外部行为表现的目标表述往往会忽视个别差异，不利于高级认知目标和情感目标的表现。很多时候，仅仅陈述学习者的外显行为很难准确描述实际的学习结果，因此，格伦德建议采取将学习者的认知活动和外部行为表述相结合的方法，也被称为内外部结合法。基于认知活动的目标表述分为两个部分，第一部分为总体目标的陈述，可以采取较为宽泛的术语来表达，比如理解、掌握、欣赏、创造、领会等，这些术语更关注预期的学习结果。第二部分是学习者掌握该目标后可以表现出来的一个或几个具体的行为方式。④

虽然认知性目标也是用特定的、可测量的术语表达学习结果，但除了可以用外显的行为动词以外，还可以用表示内在认知活动的动词，比如理解、欣赏、掌握等。

内外结合的目标表述特别适合说明更高层次的学习。下面是用内外部结合法书写学习目标的例子。

- 总目标：理解科学原理
- 具体行为目标：
    ◆ 用自己的话描述原理的内容
    ◆ 识别原理的例子
    ◆ 陈述基于原理的可靠假设
    ◆ 运用原理解决新问题
    ◆ 区分两条原理⑤

---

① 张祖忻，章伟民等. 教学设计——原理与应用[M]. 北京：高等教育出版社，2011：128.
② Morrison,Ross&Kemp. 设计有效教学[M]. 严玉萍译. 北京：中国轻工业出版社，2007：105-106.
③ Doran, G. T. (1981). "There's a S.M.A.R.T. way to write management's goals and objectives". Management Review. AMA FORUM. 70(11)：35-36.
④ Morrison,Ross&Kemp. 设计有效教学[M]. 严玉萍译. 北京：中国轻工业出版社，2007：108-109.
⑤ 王小明. 教学论——心理学取向[M]. 上海：上海教育出版社，2005：57.

3) 基于学习活动的表现性目标编制

当一个学习项目更倾向于采取建构主义设计取向时,对学习过程的关注将会成为重点。学习目标不再是对知识要点的掌握,而是使学习者形成对知识的个人理解。这样的目标主要指向高阶学习结果,强调学习过程中的参与性和通过协作完成问题解决并获得经验。基于外在行为表现的目标表述和基于认知活动的目标表述方法都很难表达出这些课程的学习目标。艾斯纳(Eisner)指出,表现性目标表述是描述学习者在一个具体教育情境中的种种"际遇"中所产生的个性化表现。[①] 表现性目标不是描述学习者在完成一项活动后准备获得的行为,而是描述在学习过程中学习者需要完成的问题解决、从事的活动。也就是说,表现性目标明确要求学习者应该参加的学习活动,需要完成的学习任务,而不规定每个人需要从这些活动中习得什么。因此,表现性目标更适合表述复杂的智力活动,强调学习者的个性化学习和创造性表现。一些表现性目标表述的例子有:"参观动物园并讨论那儿有趣的事""解释《失乐园》的意义"等。

2. 学习目标的归类

学习目标具有不同的层级,代表不同水平的学习目标。本书采用安德森等提出的分类表来表示不同层次的学习目标。以认知维度的学习为例,知识的类型可以是事实性知识、概念性知识、程序性知识和元认知知识;学习类型分为记忆、理解、运用、分析、评价和创造。学习类型的 6 个一级维度、19 个亚类和每个类别的描述如表 5-3 所示。

表 5-3 认知维度分类表[②]

目标分类	目标亚类	定 义	可替代的动词
记忆	再认	从长时记忆中找到与呈现材料一致的知识;	识别
	回忆	从长时记忆中提取相关知识	提取
理解	解释	从一种呈现方式转换为另一种呈现方式	澄清、释义、描述、转换
	举例	找出一个概念或原理的具体例子	例示、具体化

---

① 张华. 课程与教学论[M]. 上海:上海教育出版社,2000:178.
② 安德森. 学习、教学和评估的分类学[M]. 皮连生主译. 上海:华东师范大学出版社,2008:27-28.

续表

目标分类	目标亚类	定 义	可替代的动词
理解	分类	确定某事物属于某一类目	类目化、归属
	概要	抽象出一般主题或要点	论述、报告、重述
	推论	从提供的信息得出逻辑结论	结论、外推、内推、预测
	比较	确定两个观点、客体之间的一致性	对照、匹配、映射
	说明	建构一个系统的因果模型	构建、建模
运用	执行	把一个程序运用于熟悉的任务	贯彻
	实施	把一程序运用于不熟悉的任务	使用
分析	区分	从呈现材料的无关部分区别出有关部分	辨别、区别集中、选择
	组织	确定某些要素在某一结构中的功能	发现一致性、整合、列提纲、结构化
	归属	确定潜在于呈现材料中的观点、偏好、假定或意图	解构
评价	核查	查明某过程或产品的不一致性或是否有内在一致性	协调、探测、监测、检测
	评判	查明产品和外部标准是否一致	判断
创造	创新	根据标准提出多种可供选择的假设	生成、假设
	计划	设计完成某一个任务的一套步骤	设计
	建构	发明一种产品	产生

还是以教师信息技术能力培训课程的某一单元为例，该单元的宏观学习目标是："能够设计并制订微视频的教学方案。内容完整，符合微视频教学设计要求。"

该目标中需要学习者完成微视频的设计方案属于概念性知识，对方案的设计是学习的创造层次中的计划维度，这样，该单元的学习目标就可以标在 B6：对某一概念性知识的创造类学习，如表 5-4 所示。

接下来需要对宏观目标进行分解，分析若实现该目标，学习者需要完成的子目标构成，并根据子目标分析需要实施的教学或者学习活动列于分析表中。若学习者能够设计微视频制作方案，需要完成的两个子目标包括：

- 子目标 1：了解微视频的教育功能
- 子目标 2：掌握教学设计的要素和标准

表 5-4　学习目标分类学表[①]

知识维度	认知过程维度					
	1.记忆	2.理解	3.运用	4.分析	5.评价	6.创造
A.事实性知识						
B.概念性知识						目标1
C.程序性知识						
D.元认知知识						

以子目标 2 "掌握教学设计的要素和标准"为例，若达成该目标，学习者需要理解一个教学设计模型并能够运用该模型，完成分析阶段、设计阶段中各个要素的设计。在该目标中，包括对"教学设计模型"这一概念性知识的理解和运用，也包括能够实施该模型的具体操作步骤(程序性知识)，还需要利用该模型模拟完成一个设计方案，并判断该方案是否符合标准。因此，该目标可能涉及的学习结果如表 5-5 所示。

表 5-5　学习目标分类学表

知识维度	认知过程维度					
	1.记忆	2.理解	3.运用	4.分析	5.评价	6.创造
A.事实性知识	☐	☐				
B.概念性知识	☐	☐	☐	☐		☐
C.程序性知识	☐		☐		☐	☐
D.元认知知识	☐	☐				

事实性知识包括学习需要分析、教学策略、知识分类等知识。

概念性知识是某教学设计模型的知识，比如 ADDIE 模型，要记住模型中的要素，理解要素之间的相互关系，能够使用该模型并设计一个方案。

程序性知识包括学习者分析的步骤、编写目标、教学设计步骤等，需要能够运用知识，并能够完成具体的操作；

元认知知识包括确定采用什么样的记忆方式和理解方式，运用一些问题解决策略等。

我们可以对 2 子目标继续分解直到符合需要为止。在线课程设计中，每个单元中的最基本学习目标一般在 5~10 个之间，以和一个单元中的学习任务匹配。

[①] 安德森. 学习、教学和评估的分类学[M]. 皮连生主译. 上海：华东师范大学出版社，2008：25.

(三)确定在线学习任务

确定具体的学习目标后,就需要确定达成目标的主要步骤,并分析出学习者完成每一步骤所需的知识和技能。这些需要完成的知识和技能的学习构成了该门课程的学习任务序列。确定学习任务就是要在前期学习目标已经确定的基础上,分析完成该目标所需的知识和技能,这些知识和技能的学习也就是学习者需要解决的问题。

而这些问题反过来可以作为选择学习哪些知识的依据,对这些问题的解决就构成了学习任务序列。本章将主要介绍问题设计时需要注意的主要事项、学习任务的筛选和确定,在课程设计中如何排列学习任务的序列将放在下一章重点介绍。

1. 问题的设计

在学习任务分析过程中,问题是学习的起点,在找到起点之后,学习者要为解决问题而有目的、有针对性地寻求知识。根据知识的类型和学习的层级,问题也可以分为事实性问题、概念性问题、程序性问题和策略性问题。不同类型的问题所包含的学习内容也不同。指导学习内容选择的一个重要标准是内容应当能促进理解问题、理解引起问题的可能原因、帮助问题解决。

在甄别学习问题时,要考虑:①哪些知识与问题情境中的核心问题直接相关?②哪些知识有助于学生理解和应对这一情景?一旦甄别出与问题相关的知识,就可以设计为解决问题所要求的附加技能和知识。[1]

在问题的设计过程中,有很多需要注意的地方,如对问题的界定不能太过清晰,否则常常会发生两种情况:一是学生丧失了努力去发现问题的机会;二是问题会失去某种真实感。另外,不同层次的问题要求不同的解决能力,在设计问题时必须考虑问题的难度层级和知识水平是否符合学习者的特征。

问题的设计还需要考虑问题的层级性和问题的颗粒度。问题的层级性设计应该以学习目标的层级为基础,确定完成目标所需的核心问题,再确定子问题及下一级子问题,以此类推。关于问题的层级到底要划分到什么程度,也就是问题的颗粒度大小,一方面要考虑学习目标能够实现的程度,另一方面要考虑学习者的学习工作量。

---

[1] 埃德温·M.布里奇斯等. 以问题为本的学习在领导发展中的运用[M]. 冯大鸣译. 上海:上海教育出版社,2002:50.

提炼的问题需要转换为某种类型的学习任务，以此确定学习内容和学习活动。表 5-6 中包含了确定学习任务所需内容。其中知识类型为事实性、概念性、程序性和策略性知识中的一种或几种；学习的层级参考布鲁姆和安德森的学习成果分类，可以是记忆、理解、运用、分析、评估和创造中的一种；问题描述可以根据需要再划分层级，每个学习任务必须对应一个需要解决的问题。

表 5-6　学习任务分析模板

一级目标	二级目标	三级目标	知识类型	学习层级	问题描述	学习任务
一级目标	具体学习目标 1	子目标 1				
		子目标 2				
		子目标 3				
		……				
	具体学习目标 2	子目标 1				
		子目标 2				
		子目标 3				
		……				
	……					

以教学设计主要步骤的下一级目标"学习者分析"为例，若达成该目标，学习者需要掌握学习者分析的主要内容，并能够使用学习者分析模型进行分析。对于"理解学习者分析的要素"这一目标，可以转化的问题是："学习者分析包括哪些要素？"，下一级子问题如表 5-7 所示。为了实现该目标，学习者需要掌握初始能力、一般特征和学习风格等事实性知识，也包括学习者分析模型这种概念性知识。若要学习者学会解决"如何确定学习者的初始能力？"这个二级问题，可以设计的学习任务是制作一份问卷或试题，分析学习者具备的有关知识与技能以及对有关学习内容的认识和态度等内容。

2. 学习任务的筛选

现有的在线课程往往因为学习者主要进行表层的、传输型的学习而受到诟病，如何能促进学习者探究、加深学习者对知识的深度学习也是课程设计需要思考的要素。深度学习可以理解为能激发学生的批判性思维、解决问题、协作和自我导向的学习。深度学习的目标是从死记硬背的学习转变为培养学生真正的好奇心，使他们有兴趣对主题进行进一步探索。① 在完成上一环节的问题确定后，如何筛选出促进深度学习的学习任务呢？

表 5-7 "学习者分析"任务表

一级目标	二级目标	三级目标	一级问题描述	二级问题描述	知识技能	学习层级	学习任务
学习需要分析	分析学习者	掌握学习者分析的主要内容	学习者分析包括哪些要素？	如何确定学习者的初始能力？	分析初始能力的方法	分析	制作问卷
				如何确定学习者的一般特征？	……	…	……
				如何了解学习者的学习风格？	……	…	……
				区分不同类型的学习者			
		使用学习者分析模型	……	……			

1) 基于核心概念的学习任务

第一种方式是围绕基本概念、主题和原理确定学习任务，更关注课程中的知识要素，这些知识要素构成了学科的本质结构，学习者通过对基本概念的理解和核心要素的学习可拓展相关知识体系和提高技能。该方式采用的主要学习任务分析方法是信息加工法，步骤是先提炼课程中的核心概念、原理等，由此确定主题。这些核心要素也就是课程的内容框架。在确定主题的基础上，确定需要解释核心要素的具体内容、表征方式，确定具体的学习任务和评估方式。该模式的优点是课程所包含的知识体系比较完备，缺点是课程内容比较固定，不能顾及学习者的差异。

2) 基于技能的学习任务

基于技能的学习任务更强调学习者学习的过程，而不是学科知识的组织形式，要根据学习者的先前技能和所需先前技能所构成的学习层级结构，得出课程内容的基本组织框架。

该模式采用的学习分析方法是层级分析法，要求每一个学习目标必须建立在前面

---

① 金慧，刘迪等. 新媒体联盟《地平线报告》(2016 高等教育版)解读与启示[J]. 远程教育杂志，2016，12：3-10.

先决技能的基础之上，学习者从最低的技能开始向上发展，通过完成各个步骤的学习目标，最终实现学习序列中的最终目标。筛选学习任务的要点在于首先确定学习者学完后应该具有的技能，明确学习目标，对目标中所需技能进行分解直到最低技能，再按照从低到高顺序排列学习序列，设计每一环节需要掌握的知识点。该种方式能够考虑学习者的学习状态，确保所需技能的掌握，缺点是可能出现知识结构上的盲点。

3) 基于问题的学习任务

与围绕基本学科结构和围绕所需先前技能确定学习任务不同，基于问题的学习任务是围绕学习者的学习活动来组织学习序列，强调学习过程是经验的获得和共享，以某个问题或话题展开学习活动，通过解决问题研究观点和获得经验。该形式在原则上不遵从任何特定的排序原则，应该允许学习者随着问题的展开和项目的进展来学习日益复杂的知识和技能。

该模式的优点在于学生可参与到真实情境中，以解决真实任务或问题为主要目标，缺点是不能为学习者提供系统的知识结构和技能训练。对学习任务的分析，可以根据项目或者问题解决的需求，采用任务分析法将复杂任务或问题逐步分解，确定需要解决的下一级任务，再明确完成该任务所需的知识和技能，以及完成该任务需要开展的学习活动，最终确定在线的学习任务序列。

第六章 在线教学策略的设计

在线学习的课程体系一般会以主题或者星期的方式分解，每个主题单元或星期单元中包含若干学习任务序列，所包含的学习容量与面授的一个章节课程内容相当，我们称之为一个单元。每个单元又包括一系列相对完整的学习任务。这些学习任务构成了在线学习的知识内容体系。设计在线学习内容就是为了完成一门课程总的教学目标，在充分考虑在线学习特点的基础上，确定学习者需要完成具体学习任务所需的策略，包括选择和确定单元主题、确定每个单元的学习目标和内容、确定内容组织顺序、确定学习评价等。在线学习内容的组织需要考虑三个层次，宏观层次是针对一门在线课程内容重构基于网络的若干个学习单元，主要是确定单元主题和每个单元之间的逻辑性和层级。中观层级的内容设计应考虑一个主题单元内的学习任务安排。本章将重点介绍这两个层面上的内容设计。微观层面的内容设计主要介绍微视频的设计与制作、在线网页内容设计与制作、在线交互活动设计等，将在学习资源设计和学习活动设计的章节中重点介绍。

一、学习任务的宏观组织策略

《简明国际教育百科全书》指出："策略是为达到某种目的使用的手段或方法。在教育学中，这个词一直与方法、步骤同义。策略还用来指教学活动的顺序排列和师生间连续的有实在内容的交流。"[1]邵瑞珍对教学策略的定义是："教师在教学过程中，为达到一定的教学目标而采取的相对系统的行为。"[2]在教学设计的著作中，宏观层面教学策略常常指为完成特定的教学目标而对采用的教学内容顺序、教学环节、教学组织形式、教学方法和教学媒体等因素的总体考虑。[3] 更具体地讲，确定教学策略包括选择传输系统、对教学内容的类型进行排序和分组、描述教学中的学习成分、具体说明教学中如何对学生进行分组，确定一堂课的结构以及选择传输教学的媒介等

---

① 江山野. 简明国际教育百科全书. 课程[M]. 北京：教育科学出版社，1991：261-262.
② 邵瑞珍. 教育心理学. 上海：上海教育出版社，1997：80
③ 张祖忻，章伟民等. 教学设计——原理与应用[M]. 北京：高等教育出版社，2011：156-157.

方面。[①] 瑞格鲁斯将教学策略归为三类：组织策略、传输策略和管理策略。组织策略是指一次将如何组织教学活动，要呈现什么内容及这些内容如何呈现。传输策略是指要使用什么样的媒介以及学习者该如何分组。管理策略包括安排进度和分配资源，实施按照先前的组织策略和传输策略来加以规划的教学活动。[②]本节重点介绍教学内容的宏观组织策略，包括内容组织的模式、两种导向的组织策略、单元框架组织的原则。组织模式和组织策略的确定可以为在线学习内容单元主题的选择、框架的确定提供依据。

(一)宏观组织策略的选择

学习是一系列信息加工并主动建构的过程，根据由谁来控制信息加工过程，瑞格鲁斯提出宏观层面上的两种宏观内容组织策略，即替代性策略和生成性策略。按照瑞格鲁斯的观点，可以根据以下问题区分两种策略。

- 由谁决定教育目标？
- 谁决定教育目标如何实现？
- 由谁选择内容？
- 谁来选择学习资源的类型和程度？
- 谁来决定学习活动内容和顺序？
- 谁来评价学习效果？

替代性策略更多是由教师主导以上问题，生成性策略则由主要学生来决定。

1. 替代性策略

替代性策略由教师确定教学目标，提供教学内容，组织学习活动，构建学习环境，通过合理的教学设计代替学习者的认知加工任务，比如通过先行组织者策略帮助学习者在先前知识和新学知识之间建立联系，促进学习者对新知识的理解；按照知识结构的逻辑顺序系统编排知识，由浅入深，循序渐进；按照事先了解的学习者的先决技能设计教学的起始点，为学习者选择适当的教学目标；教学中提供比较的支持和引导帮助学习者完成知识建构。

---

① Dick&Carey. 系统化教学设计(第六版)[M]. 庞维国, 等译. 上海：华东师范大学出版社, 2007：185.
② Smith&Ragan. 教学设计(第三版)[M]. 庞维国, 等译. 上海：华东师范大学出版社, 2008：186.

替代性策略的缺点体现为学习者投入智力活动少、信息加工不够深入、缺乏挑战性和刺激性、缺乏个性、独立性和动力；优点体现为短期内可使学生学习较多材料，可带来更集中、有效、可预测的学习结果，适用先决知识、技能或学习策略有限的学习者。

2. 生成性策略

生成性策略与替代性策略相反，鼓励或者允许学习者在教学中通过形成自己的教学目标、组织精炼、对内容的排序和强调、对理解的监控和向其他情境的迁移来构建知识。[①]在这个过程中主要由学生确定学习目标、自行决定学习内容、学习顺序和学习方式，自己构建学习环境，自己完成信息加工。

生成性策略的优点体现为信息加工深入、学习效果好，激发兴趣、动机，学习策略得到使用、练习与修正，学习结果因人而异、高度个性化。缺点体现为成功依赖于学习者拥有策略的宽广度，易导致认知超荷、情绪受挫折，需要的时间比较长、效率低，学习的效果难于预期。

3. 宏观策略选择原则

替代性策略和生成性策略就像一个连续体的两个端点，两者各有利弊，适用于不同的教学情境和需求(如图 6-1 所示)。两者的不同在于促进和支持学习者信息加工的方式、支持程度上的差异。在选择教学策略时，主要应从以下三个方面加以考虑。

图 6-1　替代性和生成性策略的平衡

---

① Smith&Ragan. 教学设计(第三版)[M]. 庞维国，等译. 上海：华东师范大学出版社，2008：206.

1) 学习者的水平

通过前面提到的学习者分析结果可以了解学习者的先前知识水平、自主学习能力、认知策略、学习风格等信息,这些信息可以为选择策略提供依据。如果学习者先前知识水平较低、学习能力较弱、认知策略较少,则应该尝试更多地使用替代性策略,为学习者提供更多的认知支持策略,反之则应选择生成性策略。比如,对于全新概念和技能的学习,使用替代性策略将更有助于学习者掌握新知识,因为在这种情况下学习者具备的先前知识较少,可以在短时间内学到更多的内容。总之,生成性策略更适合先前知识水平较高、学习能力较强、具有丰富的认知策略、兴趣和学习动机更高、焦虑水平较低的学习者。

2) 学习任务的特征

通过对学习任务的分析也就是学习内容分析的结果可以确定教学内容的知识类型、内容学习的难易程度、需要学习者达到的学习目标等信息。替代性策略更适合学习任务紧急,所要解决的问题属于良构问题的情况。采取策略时要考虑学习任务中所要求学习者承担的认知责任、学习内容的知识类型和评价方式等。对智慧技能的要求越高,策略应该更具替代性。

3) 学习情境

学习情境分析的结果可以为设计者提供学习场所的情况、学习时间的分配、外部需求等信息,比如,如果采用生成性策略,就应考虑学习时间是否足够让学习者去探究;如果要求学习者能够普遍达到某个特定的水平,采用替代性策略将更好。总之,当教学时间有限、学习目标具有更强的领域特殊性、对学习者所需达到的水平要求较严、教育机构对学习者的学习结果负有更多责任时,需要采取更多的替代性策略。

(二)学习任务的组织原则

学习任务组织是学习者在线学习的整体任务体验,虽然每个任务的完成具有独立性,但整个课程的内容排列往往要求学习者整合和调整各种行为表现,包括贯穿整个学习过程中的知识学习、技能掌握和问题解决。完成所有学习任务后,学习者应该能够构建关于该内容的知识和技能。因此,在确定了在线课程的主题框架、具体学习内容、知识的类型等要素后,需要考虑的是将这些学习内容分为若干单元,并明确每个单元内的学习任务序列以及学习内容的呈现形式。

因为对内容的选择取向和组织模式不同，内容的组织结构也会不同。不过不管是基于知识的内容组织、基于技能的内容组织还是基于问题的内容组织，在选择单元主题和确定单元顺序时，除了应考虑学习者的认知水平、材料的复杂性、所发生的学习类型、活动所需时间等问题外，还需要考虑一些通用的原则，这些原则也是在线内容设计的一般性组织原则。

1. 一般原则

泰勒曾提出课程组织的三个原则：连续性，即直线式地陈述课程内容；顺序性，强调后继内容要以前面内容为基础，同时不断增加广度和深度；整合性，要注意各门课程的横向联系，使学生获得一种统一的观点，并把自己的行为与所学内容统一起来。[①] Mayer 和 Moreno[②]曾指出，先让学习者学习一个系统中各部分内容(概念模型)，再学习系统是如何工作的(一个因果或功能模型)，这样的学习顺序能使学习更好地进行迁移。Leutner(2000)的研究表明让学生模拟专家的方法解决问题有助于学习的迁移。[③] 综合起来，课程的组织需要考虑的要素包括：结构要素，也就是组织方式是否符合各个学科的基本知识结构；序列要素，也就是以什么样的顺序组织内容才能够有助于学习者认知加工；强化要素，也就是内容的组织是否有助于学习者的知识掌握。课程内容组织的一般原则如下。

1) 结构良好

结构良好原则要求课程的结构具有一致性和清晰性，要保证学习者能够理解和明确界定课程结构，学习者很容易分辨和了解需要完成的学习任务类型和自己需要达到的程度。按照该原则，在线课程设计时可以考虑在课程开始环节告知学习者学习目标、学习主要内容的知识框架和评价方式；每个课程单元的内部结构统一风格，以便于学习者可以清楚辨别出需要完成的学习任务的类型和要达到的程度。

2) 目标明确

目标明确原则强调要在课程开始之前和每个单元开始时告知学习者清晰的学习目

---

① 泰勒. 课程与教学的基本原理[M]. 施良方译. 北京：人民教育出版社，1994：P24.

② Mayer,R.E., &Moreno,R.(2003).Nine ways to reduce cognitive load in multimedia learning. Educational Psychologist,38,43-52.

③ Leutner,D.(2000).Double-fading support—a training approach to complex software system. Jounal of Computer Assisted Learning,16,347-357.

标、需要付出的工作量和需要参与的学习活动。按照这一原则,一个在线课程需要在课程首页提供较为清晰的学习大纲,并要求在每个单元开始时介绍本单元的主要学习目标、学习任务和学习活动,以帮助学习者合理确定个人的学习责任和时间分配。

3) 内容独立

内容独立原则强调整个课程内容被分解为各个单元时,每个单元要对应一个相对完整的学习目标,一个单元内的内容应该尽可能独立。按照这一原则,在确定每个单元的主题时,应考虑该主题是否足以达成某一子目标、单元内的内容是否具备支撑该目标所需的关键知识和技能、提供的辅助材料是否有助于该目标的实现等问题。

4) 顺序合理

顺序合理原则强调内容安排的顺序要从简单到复杂,具有阶梯性,尤其针对复杂的技能学习,需要开始于简单学习任务,再逐步精细化和复杂化。按照这一原则,对知识、技能和问题的组织要根据学习者初始状态,按照学习的基本逻辑顺序呈现学习任务和作业,从简单到复杂。

5) 形式多样

信息呈现的多样性原则是考虑提供可以选择的多媒体呈现形式,以满足学习者的个性化需求。在线课程的学习内容可以充分利用多媒体的功能特征,通过更有助于学习者认知的方式设计多媒体学习材料,提高学习者注意力和强化学习动机。

2. 在线学习内容的组织原则

除了课程设计的通用原则以外,在线学习内容组织还具有一些特定需求。在线课程的每个单元内容一般容量小,目标明确,学习内容精炼,学习主题具有独立性,有学者将此类学习定义为微型学习。①学习内容的短小精悍有助于学习者随时随地展开学习活动;学习主题的独立性有助于学习者选择适合自己的学习内容。另外,由于在线课程中学习者承担了更多的学习责任,对学习任务的自主性、对交互设计的需求和学员之间的社会化学习等有更高的要求,需要注意内容的"碎片化"和任务的"整体化"相结合。

1) "碎片化"原则

目前的在线课程的内容模块越来越趋于短小、精炼,每个学习单元由若干序列组

---

① 李龙. 论"微型学习"的设计与实施[J]. 电化教育研究,2014:74-83.

成,尤其是视频内容一般不超过 20 分钟,有些平台如英国的 FutureLearn,建议视频长度在 5 分钟左右。内容的精炼化要求课程的设计要更多考虑单元颗粒度大小、内容体量、内容之间的逻辑性和任务的序列等问题。时间上的碎片化更要求内容组织的合理性和逻辑性,以保证学习者能在间断性的学习过程中获得连续合理的学习体验。

因为学习者的在线学习具有"碎片化"特征,学习者的学习也体现出"分布式"的特点,学习者很容易在学完之后,仍然对所学内容的知识体系和技能缺乏了解。每一门课程都是由若干知识点组成完整的知识框架。在内容选择时,一般会以独立知识点为单位进行切分,每个任务序列主要围绕一个具体的知识点展开。在划分每个具体任务时,需要注意学习颗粒度问题,也就是完成该任务所需时间。

2) 任务适中原则

任务适中原则强调在设计学习任务时,要均匀分配每个单元所需完成的学习量,并确保学习者能够在预定的时间内完成任务。在线学习的每个单元内容中设计的学习任务要考虑需要花费的总学习时间,并要预估学习者可能遇到的困难,尽量将任务的难度控制在合适的范围内。不同知识类型对应的学习目标不同,学习任务也不相同。在线内容设计过程中,要充分考虑知识之间的层级性,在设计过程中,结合前面对学习任务的分析,从简到繁,从低级学习过渡到高级学习,最终获得解决问题的能力。

对单个学习任务的划分,既不能一个具体任务所涉及的知识内容太多,达不到微学习的效果,也不能过于细化和碎片化,而损害到课程内容的系统性和完整性。一般一个具体任务包括一个具体知识点、某一基本技能或者某个最基本的子任务。每个单元大约包括 10 个左右的学习任务序列,其中要解决的核心问题大约 3~4 个。

二、单元学习模式的设计

在线学习任务的设计,需要考虑该单元所具有的知识类型和需要实现的学习目标,根据不同的学习模式,采用不同方式对学习者的学习进行引导,包括问题设定、学习内容的表征和呈现等。

对学习内容的组织不但要考虑宏观策略,还要考虑每个单元中的内容排列顺序和逻辑关系,将需要体现的教学模式、教学策略以在线内容表征的方式体现出来。这些由网页方式呈现的在线学习内容蕴含了设计者的教育哲学理念、对知识学习的理解和需要学习者达到的学习目标。

(一)学习模式的类型

学习模式可以看作是依据一定的学习理论而形成的在学习过程中采用的比较稳固的程序及其方法的策略体系。根据系统思维的观点,学习模式可看作是对一个学习系统中的学习活动的概括,应该表明系统中各要素之间的秩序和关系。

本书在参考 Posner 提出的三种组织模式的基础上,根据四种主要的知识学习规律,将重点介绍引导式学习模式、操作式学习模式、探究式学习模式、案例式学习模式和反思式学习模式,不同学习模式针对不同的学习内容和学习任务。[①] 每个模式适用于不同的学习类型,既可以采取自主学习方式,也可以多人协作学习,以获得不同的学习经验。设计者需要根据课程的属性、知识的类型、课程需要实现的学习目标、学习者需求等内容,选择适合的学习模式。

1. 引导式学习模式

引导式学习模式适合于基于核心概念的学习任务的组织,是一种采取更多的替代性教学策略的学习方式。引导式学习模式中的学习任务都围绕核心概念、重点知识而设计,对学习任务的设定采用层级的方式,逐级提高学习任务的难度,逐渐加深学习者对问题中事实、规则和理论的概念性理解。

引导性学习模式中的问题应该是能够引导学习者指向关键的概念,问题被设定成从简单到复杂的层级,在每个层级中对学习者的支持强度也逐渐递减,学习者通过逐步完成学习任务可获得相关的概念、原理、规则。这种学习模式的设计关键在于问题的设计要具有层级性,并能涵盖所需的知识结构,按照从简单到复杂的顺序安排学习任务或者学习内容。采用的问题类型以及和它们相关的支持性信息由简单到复杂进行排列。

2. 操作式学习模式

操作式学习模式主要针对程序性知识的学习,其理论基础来源于"从做中学"思想。操作性学习主要包含以下要素:提示、直观远景、一系列标准、指导情境和对学习的反思。其中:①提示:是操作的线索,能向学习者说明期望他们达到的目标。比较好的提示可以是程序步骤演示、动作示范说明以及解释学习内容的大致情况。②直

---

① 金慧. 基于问题解决的学习支持[M]. 长春:吉林大学出版社,2011:79-87.

观远景：也就是伴随着提示详细说明所期望的操作任务是什么样子的一种直观陈述，往往采用录像或其他直观手段呈现操作性学习目标的真实性操作。③标准：是为预期的操作任务制订的标准，这些标准可以帮助学习者理解哪个操作水平最好以及这个水平的标准是什么，标准可以帮助学习者评判他们操作的质量。④指导情境：学习者在操作过程中其他人或系统为其提供所需的指导和建议，这些指导包括对学习者的操作进行干预、在关键处提供反馈和在需要时给予建议。⑤表现：就是学习者执行操作，这也是操作性学习的本质所在，通过操作积累经验，在尝试和错误中学习。⑥反思。①

操作式学习模式中的问题之间的先后顺序排列更加重要，在呈现某个问题之前，应首先考虑解决该问题所需的先决知识条件。问题的设计要能够覆盖所涉及程序性知识的所有步骤和技能，按照先后步骤设计学习任务的顺序。

3. 探究式学习模式

建构主义学习理论认为：学习过程是人的认知思维活动主动建构的过程，是人们通过原有的知识经验与外界环境进行交互活动以获取、建构新知识的过程。探究过程是形成问题、观察、建立假设、分析数据、解释预测、做出结论等多方面的复杂活动。探究学习模式旨在教会学习者调查、尝试、说明、解释某种现象，以帮助学习者有效地获得新知识、增强各项认知能力。在探究过程中，学习者在学习内容中找到所要解决的问题，提出假设，搜集资料，验证假设，得出结论或合理的解释，从而增强搜集资料的能力与分析资料的能力，培养探究精神。同时，在这一过程中，学习者不仅可找到对某一问题或未知现象的解释，更重要的是对假设进行各种思考、推断，从而增强探究性思维能力，树立试验的、积极的、自主的学习态度。

问题是探究模式的核心概念，整个探究活动必须围绕问题而展开，并因问题得出结论而结束。问题的设计与展示，关系到整个学习过程能否得以顺利展开，也关系到能否达到目的。在问题的设计上，对问题的界定不能太过清晰，否则常常会发生两种情况：一是学生丧失了努力去发现问题的机会；二是问题会失去某种真实感。另外，不同层次的问题要求学习者须具备不同的解决能力，在设计问题时就要考虑问题的难度层级和知识水平是否符合学习者的特征。适合探究模式的问题必须是一个需要学习

---

① Robin Fogarty. 多元智能与问题式学习[M]. 钱美华，等译. 北京：中国轻工业出版社，2005：152-164.

者进行解释并且能够被学习者实现的问题，也必须能激发学习者的好奇心和探究欲望。在探究式学习模式中，问题是以"锚"的形式呈现的。探究模式中使用的锚往往是有情节的逼真的问题情境，设置上遵循循序渐进、连续不断的原则，是一个一整套的问题情境体系，并以此激发学习者探索问题的欲望，激化学习者认识上的矛盾。

各种基于探究的学习模式主要包括三大环节：①提供问题情景，激发学生好奇心；②引导帮助学生探究；③将探究结果运用到新情境中去。

4. 案例式学习模式

案例式学习模式是由案例提供一个具有现实意义的问题情境，学习者在这个情境中发现问题，运用原理进行分析、反思和集体讨论，最后得出结论或作出决策。通过案例学习，学习者能够推断出问题解决的策略和核心观点。在案例学习模式中，一般是向学习者提供一个描绘问题的情境，学习者先分析研究案例，作出自己的判断，随后可在集体讨论中发表自己的看法或参考别人的意见。案例学习法旨在给学习者提供一个或一种体验、认识和分析问题的情境并提出解决对策的模拟实战机会，案例学习的最后结果应当是一套解决问题的方案。

一个案例学习的模式大体可分为六个阶段：①对事例的导向：向学习者介绍材料重复事实；②认清问题：学习者把事实进行综合概括，确认价值标准和冲突，认识隐含问题的事实和定义；③选择立场：学习者阐述观点或者选择解决方案，并陈述个人的立场或观点；④进行探究：用事实证明所采取立场的可能和不可能出现的后果，利用类比阐明标准冲突，并确定选定哪一种方案更为重要；⑤明确并进一步稳固立场：在一系列相似情形下严正立场并进一步稳固立场；⑥验证所采取立场的事实假设：认清事实假设，考察这些假设是否相关，确定预期的结果，考察发生的可能性。[①]

案例学习的关键在于提取案例中的概念和观点，提供他人解决问题的框架。因此，如何从案例中提取相应的知识内容并对其进行概念化是案例学习的重要方面。

5. 反思式学习模式

杜威曾经指出，"反思是对某个问题进行反复的、严肃的、持续不断的深思"，以及是"对于任何所依据的理论假设及其趋于达到的进一步结论而进行的主动的、持

---

① Bruce Joyce 等. 教学模式[M]. 荆建华，等译. 北京：中国轻工业出版社，2002：110-111.

续不断的和周密的思考"①。反思性学习,顾名思义就是学习者通过对学习活动过程的反思来进行学习的过程,也是对活动过程中所涉及的事物、材料、信息、思维、结果等学习特征的反向思考。因此,反思性学习就不仅仅是对学习过程一般性的回顾或重复,而是深究学习活动中所涉及的知识、方法、思路、策略等。反思的目的也不仅仅为了回顾过去或培养元认知意识,更重要的是指向未来的活动,通过反思性学习可以帮助学生学会学习,可以使学习成为探究性、研究性的活动。

反思性学习可以包括七个阶段:反省阶段、评判阶段、察觉问题阶段、界定问题阶段、制订对策阶段、实践验证阶段和总结提高阶段。②

反思性问题可以是学习者原先学习过的内容或者已经解决过的问题,也可以是进入反思性学习模式后自选的一些问题。设计上要考虑那些能引起学习者认知冲突并引发进一步思考的问题。反思式学习主要是为了促进学习者的自我反思和学习迁移,因此,问题主要是针对解决问题中的策略性知识而设计的。可以设计的问题包括:诸如是否有其他解决方案?我能证明目前方案的适恰性么?这种解决方法的适用情境是什么?

(二)具体教学策略的设计

一个单元或者一节课中学习任务的组织要思考不同类型知识学习的基本原理,采取相应的教学策略,确定单元内的学习任务框架。和前面提到的宏观课程内容的组织方式一样,中观课程的组织策略也体现了不同的课程价值取向,是指导学习者智力加工过程的教学规划。

1. 单节课中的内容组织

一节课中的学习内容组织,要考虑如何帮助学习者能够更好地理解知识、掌握技能,获得问题解决的能力。梅瑞尔(Merrill)根据要求学习者掌握概念的绩效水平,提出学习材料的组织可以包括三个层次:①记忆:这个水平是学习者回想起为所介绍的概念提供的理论和具体事例的能力;②使用:这一水平关系到学习者把理论应用到具体案件的能力;③发现:这一水平是学习者提出并解决原有问题的能力。③

---

① 约翰·杜威. 我们怎样思维[M]. 姜文闵译. 北京:人民教育出版社,2005(1):11-14.
② 郑菊萍. 反思性学习简论[J]. 上海:上海教育科研,2002(8):43-46.
③ Merril M (1983) Component display theory in C M Reigeluth (ed) Instructional design theories and models: an overview of their current status Lawrence Elrbaum Associates, Hillsdale.

加涅则更为具体地指出，促进学习的内在认知加工过程的外部教学活动包括：引起注意、告知学习者目标、提示学习者回忆先前的学习、呈现刺激材料、提供学习指导、引出行为反应、提供关于行为正确程度的反馈、评价行为表现和促进保持和迁移。[①]这些活动被称为教学事件，在单一的学习活动中，可以根据课程目标灵活组织这些教学事件。在选择教学事件时需要考虑具体的教学情境、需要完成的任务和学习类型，以及学习者先前技能等要素。

迪克将加涅的教学事件组织成五个主要的学习成分。[②]

A. 教学导入活动

a. 吸引学习者注意力，激发其学习动机；

b. 描述具体目标；

c. 描述并促进对先决技能的回忆。

B. 教学内容呈现

a. 教学内容；

b. 实例。

C. 学习者参与

a. 练习；

b. 反馈。

D. 评估

a. 起点行为测验；

b. 前测；

c. 后测。

E. 跟踪活动

a. 为保持提供记忆辅助；

b. 考虑迁移问题。

史密斯等人则进一步考虑了必要的和学习相关的认知加工活动，这些活动可以是学生自己提供的，也可以是由教学提供的，如图 6-2 所示。

---

① 加涅等. 教学设计原理[M]. 皮连生，等译. 上海：华东师范大学出版社，1999：221-230.
② Dick&Carey. 系统化教学设计(第六版)[M]. 庞维国，等译. 上海：华东师范大学出版社，2007：194-201.

教学拓展事件	
生成性	替代性
导 入	
引起对活动的注意	获取对学习活动的注意力
确定意图	告知学习者意图
激发兴趣和动机	促进学习者的注意/动机
预习	提供概述
主 体	
回忆相关的先行知识	促进对先行知识的回忆
加工信息和样例	呈现信息和样例
集中注意力	获取和引导注意
运用学习策略	指导或鼓励使用学习策略
练习	提供练习并指导
评价性反馈	提供反馈
结 尾	
总结和复习	提供总结和复习
学习迁移	加强迁移
进一步激励与结束教学	提供进一步激励并结束教学
评 估	
评估学习	进行评估
评估性反馈	提供反馈和指导

图 6-2　教学拓展事件[①]

以上教学策略的主要功能是促进学习者的认知加工，能够以某种方式在新旧知识间建立联系，吸引学习者注意、促进知识加工和转化。其中主体部分的策略可以根据教学内容重复使用，直到完成所有任务的教学。当然，这些策略之间的顺序也不是固定的，比如评估策略，既可以放在一节课的最后，也可以放在课中的某个学习任务结束之后或开始之前。

---

① Smith&Ragan. 教学设计(第三版)[M]. 庞维国，等译. 上海：华东师范大学出版社，2008：190.

比如，一个基于建构主义的教学策略可以如表6-1选择教学事件。

表6-1 基于建构主义的教学策略[①]

教学策略的学习成分	设计建构主义学习环境的准则
1. 教学导学活动 • 激发学习者动机 • 描述目标 • 回忆先决技能	通过让学生自行选择他们探索的内容，控制自己所使用的探索方法，凸显他们的主体性，激发他们的学习动机。 将问题置于有意义(真实的)情境中，情境中要包含必要的探索因素以及丰富的趣味性内容。 学习环境应该要求反思，要回顾基础性知识以及把他们整合到新知识的建构中。
2. 伴有实例的内容呈现	学习环境应该强调建构过程，而不是仅仅满足于答案。 学习环境必须是生成性的而不是规定性的，也就是说学生积极探索、建构自己的知识，而不是因循某个指定过程的步骤。 鼓励集体参与，通过讨论协商产生新的知识和过程。
3. 学习者参与 • 练习 • 反馈	运用合作学习能够在协商中发现学习内容的意义。 设计需要运用多种过程的策略、知识和工具操作技能的高度复杂的学习环境。 鼓励对同一知识提出不同的观点和解释。 将问题讨置于真实的情境中。 用恰好足够的辅助来抵消漫无目的的探索所带来的潜在挫折感，以确保其进步，但当学生熟练时逐渐撤除。 需要时促进小组互动，确保同伴能够对知识和过程给予审视。
4. 评估	建议使用学生们能够监控他们的知识和过程建构的工具；学习应该是反思性的，鼓励回顾和批评以前的学习以及新近建构的观点。 评价标准不能是绝对的，但应该参考学生们自身的目标、他们的知识建构及过去的成绩。 对于成功的最终测试，是看能否将学习迁移到新的、以前没有遇到的、真实的情境中去。
5. 跟踪活动	学生应该有机会探索多元的、类似的问题情境，在其中他们会发现自己曾经建构过的知识和过程在新情境中的应用。

2. 教学策略的开发

不同的知识和技能需要采用不同的学习模式，比如引导式学习模式、探究式学习

---

① Dick&Carey. 系统化教学设计(第六版)[M]. 庞维国，等译. 上海：华东师范大学出版社，2007：208.

模式、案例式学习模式、操练式学习模式和反思式学习模式，每一种学习模式都具有其内在的规律和步骤。具体教学策略的开发是在前期学习需要分析、学习目标设定、学习目标的分解、学习任务确定的基础上开展的。

迪克等曾指出开发教学策略的最佳顺序如下所述。[①]

(1) 指出目标的顺序，将目标进行分组和归类。其中要考虑目标组的顺序，也要考虑目标组的大小，要使其呈现顺序和时间适合于学生的注意广度和每一段教学可以利用的时间。

(2) 指出在教学导入活动、评估活动和跟踪活动过程中要做什么。要注意的是，这些策略的规划是用于所有目标的，通常整个教学单元或一堂课只规划一次。

(3) 指出每个目标或者目标组要呈现哪些教学内容，安排哪些学生参与活动。

(4) 回顾目标排序和归类、教学导入活动、评价活动、内容呈现、学生参与策略，以及学生分组和媒体选择。运用这些信息，结合每节课可用的时间、预期目标、学生能够持续关注的时间等信息，把目标分配到各堂课或者各个课段中。

(5) 再一次回顾整个策略和媒体的选择。

---

① Dick&Carey. 系统化教学设计(第六版)[M]. 庞维国，等译. 上海：华东师范大学出版社，2007：214-216.

第七章 在线学习内容的设计

如果在线课程的内容以网页的形式呈现，学习内容设计不但需要考虑内容结构的组织形式，还需要考虑内容的多媒体呈现方式。设计和开发在线资源是在前期确定学习任务和学习内容的基础上，完成在线课程中的内容呈现，在此环节需要确定学习内容的多媒体形式和内容呈现策略，以满足在线学习的需求。在线内容的媒体形式主要包括文本、图像、视频、音频或者两个以上形式的结合，在线内容的设计除了需要按照多媒体呈现的心理学基础设计学习内容外，还需要考虑适应和支持学习者个性化学习而采取的呈现策略。

一、多媒体学习的相关研究

如何设计出适应和支持不同学习个体的学习需要和学习能力的学习资源一直是远程教育研究中的重要课题。学习资源的设计不但要考虑学习内容的特点、学习环境的属性，还包括内容呈现方式和评价方式等。本章将首先总结多媒体学习方面的理论和设计原则，在此基础上，分析不同类型的在线学习资源的呈现方式和适应性内容设计。

(一)多媒体学习的心理学研究

在线学习内容可以以多种方式呈现，包括文本、声音、视频和动画等。有效的多媒体呈现方式可以促进学习者对内容的获取和加工，也有助于学习者深度理解。和多媒体学习有关的重要心理学理论是双重编码理论、认知负荷理论和主动加工理论，这些理论主要研究多媒体信息的呈现方式对人们信息加工过程和质量的影响，也是多媒体设计的重要理论基础。

1. 双重编码理论

在 20 世纪 60 年代晚期，Allan Paivio 提出了双重编码理论。根据这一理论，"我们既使用想象的又使用语词的编码来表征信息，这两种编码将信息组织成知识，以便在后继的使用中对其进行操作并以某种方式存储，进而在以后使用时进行重新提取。"①该理论设想有两个认知子系统,一个用来表征和处理非语言信号,一个则专门用来处理语言对象。这样就有两个心理编码,一种编码是意向,另一种是语词和其他符号,意向是以一种与我们通过感觉感知到的形式相类似的形式来表征。相反,语词和概念则以一种非类比的符号形式来进行编码。根据不同的刺激通道,在工作记忆中会分别产生基于图像的模型建构和基于言语的模型建构,两种编码之间的连接可以强化记忆。双重编码理论提供的重要设计原则是用多种方式呈现信息不但不会相互影响,反而能增强记忆和识别。

2. 认知负荷理论

认知负荷理论由 Sweller 在 1991 年提出。认知负荷是指所呈现信息的数量以及这个数量与工作记忆大小的匹配程度。②该理论认为,"当工作记忆的负荷最小并最有利于促进工作记忆向长时记忆的转化时,学习最为高效。"③ Sweller 对学习期间认知负荷的内部来源和外部来源进行了区分。内部认知负荷指内容的本质和它的复杂程度,即有多少组成成分和它们之间是如何相互影响的。当材料的组成成分很多,且它们之间的相互作用很复杂时,内部的认知负荷就很高。相反,当材料不复杂时,例如,当材料中每个组成成分能够被单独学习时,内部的认知负荷就很低。外部认知负荷可被看作噪音,依赖教学信息的设计方式——材料组织的方式和呈现的方式。当信息设计不好时,学习者必须从事无关或无效的认知加工;当信息设计良好时,外部认知负荷可减少到最小。

认知负荷理论的启示是,对于内部认知负荷比较高的学习内容,要考虑依靠其他学习内容加以辅助;同时还要考虑教学信息的设计方式,也就是学习内容的外在负荷,减少让学习者从事无关或无效的认知加工任务。在设计中尽可能整合各种信息来源,使学习者免于在整合这些信息时工作记忆的负荷过重;尽可能缩减冗余的和重复的信息,使得工作记忆负荷减轻。

Sweller 指出在设计上要:①通过使用无目标的问题,改变问题解决方法,用以

---

① [美]Robert J.Sternberg. 认知心理学[M]. 杨炳钧,等译. 北京:中国轻工业出版社,2006:170.
② Linda L. Lohr 和 James E. Gall. 呈现策略. //选自 J. Michael Spector 等. 教育传播与技术研究手册(第三版)[M]. 任友群,等译. 上海:华东师范大学出版社,2012:106.
③ Sweller,J.(1999). Instructional design in technical areaes[J].Australian educational review.ACER Press,Camberwe, Australia.1999:43.

避免给工作记忆施加过重的负担;②整合各种信息来源,使学习者免于在整合这些信息时工作记忆的负荷过重;③尽可能缩减冗余和重复的信息,使工作记忆负荷减轻;④使用听觉和视觉信息辅助理解,这些都能增加工作记忆的容量。[①]

认知负荷理论说明人在每个通道中一次加工的信息数量是有限的。加工容量的限制迫使我们选择对哪些新进入的信息给予注意,决定我们在所选择的信息之间以及在所选择的信息和已有知识之间建立联系的程度。

3. 主动加工

在梅耶的《多媒体学习》一书中曾提到多媒体认知中的主动加工假设,指的是人为了对自身的经验建立起一致的心理表征会主动参与认知加工。这些主动的认知加工过程包括形成注意、组织新进入的信息和将新进入的信息与其他知识进行整合。简言之,人是寻求使多媒体呈现有意义的主动加工者。梅耶指出,主动加工假设对多媒体设计有两个重要意义:所呈现的材料应有一个一致的结构,以及多媒体信息应该如何对学习者提供建立这个结构的引导。[②] 也就是说,主动认知加工能产生一个一致的心理表征结构,所以主动学习可视为模型建构的过程。一个心智模型(或知识结构)代表所呈现材料的关键部分和它们相互之间的关系。如果材料缺乏一个一致的结构,是若干孤立事实的组合,学习者建构模型的努力将是毫无成果的。如果多媒体信息缺乏对组织所提供材料的引导时,学习者建构模型的努力可能是毫无作用的。

主动加工理论的启示是,主动学习会发生在学习者对新搜集的材料进行认知加工的时候,这个加工过程能帮助学习者理解材料。因此,需要考虑如何设计知识的组织方式,以促进学习者能够对材料进行主要加工,这些组织方式包括过程、比较、概括、列举和分类,设计多媒体信息常常用到这些方式。

(二)多媒体设计原则

根据多媒体学习的双通道理论、认知负荷理论和主动加工理论,在设计多媒体信息时,应尽可能考虑如何采取多媒体呈现方式,尽可能降低外在负荷和内在负荷,增

---

① Sweller,J.(1999). Instructional design in technical areaes[J].Australian educational review.ACER Press,Camberwe, Australia.1999:43.

② Mayer,R.E.(1996).Learning strategies for making sense out of expository text: The SOI model for guiding three process in knowledge construction.Educational Psychology Review.8:357-371.

加关联负荷，以促进学习者的主动加工。梅耶(Mayer)将这些多媒体设计原则概括为七条，即多媒体认知原则、空间接近原则、时间接近原则、一致性原则、通道原则、冗余原则、个体差异原则。①这七条原则是在大量心理学实验的基础上得出的，对多媒体呈现的设计，特别是在线学习内容的呈现具有指导意义。范·曼瑞恩博儿(van Merriënboer)等人也提出了类似的多媒体设计原则，包括冗余原则、时间接近原则、空间分裂注意原则(空间接近原则)和特征原则(通道原则)，除此之外，还强调了设计支持性信息和程序性信息时需要考虑的自我解释原则、自定步调原则、信号原则和成分流畅原则等。②本书在综合二者观点的基础上，根据在线课程的内容设计经常涉及的内容，重点考虑的原则包括三个方面：降低外在负荷的原则、降低内在负荷的原则和促进深度加工的原则。

1. 降低外在负荷的设计原则

外在负荷产生的原因主要是设计时忽略了多媒体信息的传输特征和认知加工特点，人为增加了学习者加工信息的难度，降低外在负荷就是要尽可能让学习者避免对与教学无关的多媒体信息投入认知加工。

第一条一致性原则强调不要呈现无关的文字、图像或者声音，因为无关材料会争夺工作记忆中的认知资源，分散学生对重要材料的注意力并可能误导学生围绕不恰当的主题来组织材料。比如，加入有趣的但无关紧要的文本或插图会降低学习效果；加入有趣但无关紧要的声音材料或音乐同样会降低学习效果。因此，在设计多媒体时要保证多媒体呈现得简明扼要。

第二条原则是空间接近原则，也被称为空间分裂注意原则，即当同时呈现文字和图像信息时，这两者在屏幕上只有接近才会获得更好的呈现效果，才更有可能将他们同时保持在短时记忆中。因为多媒体呈现中的有意义学习不仅仅依赖于必要的信息呈现，更依赖于伴随必要信息呈现的对学习者如何在心理上加工的引导，组合式呈现比分离式呈现可促进更深入的学习。

第三条原则是时间接近原则，也叫时间分裂注意原则，指当一些相互能提示的信

---

① [美]理查德·E.迈耶. 多媒体学习[M]. 傅小兰，等译. 北京：商务印书馆，2006：63-234.
② van Merriënboer, Jeroen J. G., Kirschner, P.A., &kester, L.(2003).Taking the load of a learner' mind: Instructional design foe complex learning. Educational Psychologist,38,5-13.

息同时呈现而不是在时间上分开呈现时更有助于学习。比如，当对应的解说和动画部分同时呈现时，学习者更有可能在工作记忆中同时保持两种材料的心理表征，因此更有可能在言语表征和视觉表征之间建立心理联系；相反则很难对二者建立心理联系。

第四条是冗余原则，强调在设计多媒体内容的时候，当制作一个动画加解说的多媒体呈现时，尽量不要再加入与解说内容重复的屏幕文本。大多数人认为，以不同的方式呈现相同的信息，将会使学习获得积极的或中立的效果，而这个原则表明呈现多余的信息会对学习产生不良影响。同时设计新任务时，也要考虑不要重复先前的任务，而应该是对先前呈现的任务的添加或装饰，以防止产生信息冗余。

2. 降低内在负荷的设计原则

内在负荷来自内容本身的复杂性和学习者对该内容的认知能力。降低内在负荷需要考虑如何通过呈现方式、材料的组合方式降低学习者对该材料的心理表征难度。

第一条是通道原则，即合理运用双通道来呈现信息会有助于学生学习。比如，由动画和解说组成的呈现比由动画和屏幕文本组成的呈现更好，原因是当画面和语词材料都以视觉形式呈现(如动画或文本)时，听觉/言语通道闲置而视觉/图像通道则过度负荷。这条原则表明，当制作一个包含动画和语词材料的多媒体呈现时，要以解说的形式而不是屏幕文本的形式呈现语词信息。

信号或集中注意原则是指如果学习者注意力集中在学习任务或呈现信息的关键方面，对学习会有促进。这样可以减少视觉搜索的需要，可以释放出认知资源用于图式的建构和自动化，由此可以产生良好的学习和迁移效果。在复杂的图片中同时使用解说文本，并且当解释到某一部分时能够高亮或变色显示该部分图片，会有更好的学习效果。另外，当介绍到某一操作步骤时，能够指出该部分的位置或突出显示该部分，这样能把学习者的注意力集中到这些信号上。

预先培训原则，也就是对一些特别复杂的关键概念进行预学习，在学习和这些关键概念有关的复杂任务时，学习者需要的加工会减少。一种有效的方式是通过先行组织者策略与学习者的先前经验或者知识相关联，降低学习新知识的难度。

分段原则是指对一个任务其程序的一个或多个方面的训练对完成整个任务有积极效果，也就是当一个复杂的任务被分成几个部分的时候，学习的效果会更好。通过对部分任务的强化产生程序方面高水平的自动化，这些自动化成分将释放认知容量。例如，把长段内容(比如视频)分解为几个连续的独立学习片段，或者将一个大的问题解决分解为几个部分，学习效果会更好。

3. 促进深度加工的设计原则

促进深度信息加工，是指学习者通过深层次的加工使学习材料更有意义，是在学习者个人的努力下完成的心理表征。[①]多媒体材料的设计要考虑如何能更好地促进学习者对信息的理解。

第一条原则是梅耶曾提出的多媒体认知原则，是指当文字材料和图像材料同时呈现时，比单独呈现文字材料的效果更好。这个原则表明，在多媒体设计中，当材料以两种形式呈现时，会增强学习者的学习；当学习者能够对同一信息的言语表征和画面表征进行整合时，一种更深入的学习就会发生。

个体差异原则表明，个体的知识水平和空间能力存在差异性，这种差异表现在对同一呈现信息的加工效果不同。比如空间能力高的学习者在心理上具有从有效的多媒体呈现中认知视觉和言语表征的能力，而空间能力低的学习者必须耗费很多的认知容量以便将呈现的图像保持在记忆中。因此，要为不同认知水平的学习者设计不同的信息呈现，这样每个学习者都能得到最有帮助的学习方法。

自我解释原则强调，通过多媒体进行有意义的学习是为了促进学习者的信息加工和引导学习者自我解释信息。比如，通过设计一些提示语来鼓励学习者识别问题解决步骤中隐含的规则，这些提示对学习的迁移很有帮助；或者通过提前提出一些问题指导学习者进行自我解释也可对学习产生积极效果。另外，促进学习者对所建构的知识图式进行解释，并通过案例研究进行举例说明，是特别重要的进行自我解释的教学方法。

自定步调的原则是指让学生自己控制学习的步调会促进精加工和信息的深层处理。那些尝试控制动画速度的学习者会比收到正常速度播放同样动画的学习者有更好的迁移表现。让学习者控制信息呈现的速度比以系统速度呈现的文本更宜于学习者学习。自定步调的原则允许他们暂停并更好地反思新的信息，以便于把信息和已存在的认知结构连接起来。

另外还有一些原则，包括情境原则(材料在一个熟悉的情境中呈现时会产生更好的学习)、同伴原则(用一对一的交流方式会比正式交流方式产生更好的学习)、支架原则(提供一些引导性帮助、提问或范例有助于学习者的认知加工)等，要根据设计和开

---

① [美]理查德·E.迈耶. 多媒体学习[M]. 傅小兰，等译. 北京：商务印书馆，2006：63-234.

发的要求酌情考虑。

(三)内容适应性设计原则

一个好的教学设计必须考虑学习材料和学习者认知加工过程的适应性，从适应性教学的角度，有学者提出了五种设计方案，第一种是在宏观水平上改变教学方式，允许设定不同的教学目标、课程内容难度和传递系统。第二种是根据学习者的具体特征调整具体的教学过程和策略，也就是根据学习者的能力水平和学习者特征确定最适合其学习过程的教学策略。第三种是在微观水平上改变教学，在教学过程中动态诊断学生特定的学习需要，为不同的学生提供不同的教学内容。第二种和第三种的不同在于，第二种是根据学习者特征和能力预设教学模型，第三种是在教学过程中诊断学习者的水平并进行调整。随着教学的展开，过程中的检测数据对学习者的诊断和适应性设计将更为有效。第四种是适应性超媒体和 Web 系统，允许用户自主选择内容及呈现方式，能根据使用者的需要和特点提供相关内容和链接。第五种是基于特定教学法的适应性学习，比如基于建构主义、社会学习理论或情境认知的学习环境。[①]在线课程有比传统课程更为灵活的传输方式、内容选择和目标设计，但其适应性主要由在线课程平台所提供的功能所决定。本书根据大多数平台可以提供的功能，重点从两方面考虑多媒体学习资源的适应性策略，一方面是内容的适应性呈现，另一方面是适应性的学习模式，两者都是为了促进多媒体学习的有效性和支持有意义学习的产生。

1. 内容的适应性呈现

适应性内容呈现是指对于不同的用户，所看到的页面内容可能不一样。为学习者提供适应性的学习内容是体现个性化学习的重要方式，其关键在于设计多种传输方式、学习材料形式和允许选择的导航，由学习者根据需要和偏好自主控制学习过程和选择学习内容呈现方式。比如，同样的学习内容，在提供视频的同时，一并提供相应的文字版本，如果条件允许，还可以提供多语言脚本。

在内容呈现方式选择上，可以提供多版本的学习材料，比如同时提供视频、音频和文本信息；为学习者提供可视化的线索，如在页面上标记历史访问记录，并利用图

---

① Jung Lee，OK-Choon Park. 适应性教学系统. //选自 J. Michael Spector 等. 教育传播与技术研究手册(第三版)[M]. 任友群，等译. 上海：华东师范大学出版社，2012：523-524.

像表征学习者掌握概念的情况等。呈现下一个学习材料时，可对先前概念或结果进行链接标注或注释，如在最终概念的背景信息中提供先决知识的注释来支持学习者导航。

在内容的难易程度选择上，学习材料的难易程度要和学习者的认知水平匹配，需要考虑提供不同程度的材料以适应不同水平的学习者；提供相关的测试，通过测试结果告知学习者目前的学习状态；通过一些链接按钮告知学习者学习材料的难易程度，帮助其根据自身的水平做出选择等。

在内容的控制方面，不同的学习者对系统的依赖度可能不同，自然期望不同水平的系统控制，可以为学习者提供不同版本的系统控制模式。高控制系统通过内容的注释/隐藏链接提供指导，内容也就相对结构化；低水平系统控制适合喜欢自由航行的学习者，他们可以进入任何一页并开发自己喜欢的内容结构。

2. 适应性学习的设计

适应性学习是指采用多种教学策略来呈现同一个学习内容，利用各种交互方式和格式上不同的学习资源来支持不同偏好的学习者并能在不同教学策略下重复使用。这种适应性设计体现为设计不同难度的任务，可以根据学习者的情况和需要做出选择，并在学习者完成任务的过程中提供多种适应性支持策略。

在内容设计上，要考虑为学习者设计不同难度的学习任务，这些学习任务是为某一特定学习目标建立的并按照涉及问题的难易程度加以组织，每个问题与具体的学习结果、先决条件和相关的概念相关联。

在选择判断上，可以通过测试、问题和作业等方式判断学习者的学习程度。比如，如果学习者的测试成绩较低，可以从同一任务层级中选择难度相同但支持程度较高的任务，或者从前一个任务层级中选择更容易的任务；如果绩效很高，可以从同一任务等级中选择难度相同但支持程度较低的任务，或者可以转到下一个任务层级，选择具有较高支持度但难度增加的任务。

在学习任务的情境设计上，可以提供不同版本的问题情境。一种是在某个任务环境中完成的，和真实任务的环境非常接近，也就是高度逼真的环境；另一种只是提供执行任务的机会，而不是模拟真实任务环境的低逼真度环境。对于新学习者来说，包含太多细节的环境可能会影响学习效果。研究表明，在网络课程中，新手在一个低逼真度、基于文本的学习环境中比在一个用多媒体模仿真实任务的高逼真度环境中表现更好。因此，最初的学习任务应该在一个低逼真度的环境中执行，也就是只包含与任务密切相关的信息。随着任务层级的深入和学习者技能的提高，再逐步使环境复杂和逼真。①

二、学习内容的多媒体表征

根据梅耶、范·曼瑞恩博儿等人大量心理实验的研究表明，按照人的心理活动方式设计的多媒体信息更可能产生有意义的学习。学习材料的不同呈现方式可以增加或减轻工作记忆的任务或者所谓的"认知负荷"，多种媒体的合理组合可以促进学习者的深度加工。对在线学习资源的设计要充分考虑多媒体的设计原则和适应性设计原则，对文本、音频、视频等进行合理的搭配和组合，以降低呈现信息引起的认知负荷，并尽可能根据用户的学习目标、知识水平和其他一些特征提供可供学习者选择的学习内容。

(一)文本类内容的设计原则

在线文本类内容由超文本网页组织而成，虽然有些学习管理系统允许进行个性化设计的空间不大，但对包括图形、图片在内的文本内容同样需要进行合理的布局和创新设计。尽管网页设计原则在某些方面和印刷设计相似，但由于屏幕显示和用户控制的特点，网页设计还要考虑的因素有可读性、可用性和信息复杂性。

和纸质文档一样，屏幕文字也必须尽可能做到易读。易读性依赖于屏幕文字的字体、布局、写作风格和组织结构。网页设计也必须容易使用(比如导航)，可用性是强调系统的功能按钮要符合设计的基本规律，比如一些常用图标的含义要符合使用者的心里预期。

1. 文本的用词原则

呈现给学习者的文本内容要尽可能简练，避免无关信息的干扰，文本在用词上要尽可能简单明了，降低由于文字或句式本身带来的内在负荷。一些需要注意的原则包括下述各点。

- 在线文本中的段落要简短，大段落可能会让学习者望而却步、失去耐心，阅

---

① Maran,N.J.,&Glavin,R.J.(2003). Low-to high-fidelity simulation: A continuum of medical education. Medical Education,37(1)：22-28.

读时也会感到艰难；
- 避免文本行太长或太短，要考虑学习者的阅读习惯，尽量采用长短适合的句子；
- 不要把过多的信息写成一句话，可以把次要信息拆分或删除；
- 避免使用不必要的和难以理解的词语；
- 避免特别生僻的术语，也要避免过于口语化；
- 用主动语态和第一人称代词。

2. 文本的组织原则

文本在组织上要具有一定的逻辑性和可视性，以降低内在负荷，增加关联负荷。一些需要注意的原则包括下述各点。
- 重要信息以从左至右的方式放在屏幕的中央以便于阅读；
- 使用项目符号列表来拆分文本，帮助组织下一级概念；
- 告知工作过程或者任务步骤时用数字标出每一个步骤；
- 充分运用表格；
- 举例，例子与真实问题相关；
- 关键内容是一个标题；
- 提供知识地图或者目录；
- 在开始或者结尾概述主要内容；
- 可以使用伸缩文本，允许用户将暂时不看的内容隐藏；
- 设计不同的排序方式，用户可以根据习惯与背景知识选择不同的排序方式。

3. 文本的呈现原则

文本在呈现时要能够引起学习者的注意，促进学习者获取信息，减少外在负荷，增加关联负荷。一些需要注意的原则包括下述各点。
- 配图要和文字信息紧密相关并一起呈现；
- 适当使用有辅助功能的图片和其他图示；
- 重要信息特别强调以引起学习者注意；
- 注意字体的大小变换要有规律，满足用户对信息呈现方式的预期；
- 在一个屏幕上不要放置太多信息，适当留白；

- 注意色彩的搭配和变换规律，利用色彩帮助内容规划。

(二)多媒体类资源的设计

多媒体类资源包括视频、动画、音频等多种视听媒体组织的资源。

1. 图片图表的设计

根据双重编码理论，补充性的图片图表对于理解文本的信息非常重要，并且学习者是通过两个通道系统进行信息加工，不会增加工作记忆的负担。诸如概念图、思维导图等可视化信息能够促进学习者的理解，并能够帮助学习者建立概念之间的联系和结构。不同种类的图片，其使用效果有所不同。

- 点缀类图片：一些有吸引力的图片可引起学习者注意，一般用于开始或者分段处。图片要比较新颖有张力。
- 表征类图片：可以用来指代人、工具、景物或事件的图片，这些图片陈述了需要传递的重要学习内容，是文字叙述确切的参照依据，使其更易于理解。
- 程序性图片：提供系列操作指南或者对物体、概念的特征进行描述的图片，可以是某一程序的图示或者路径，信息比相关文字所提示的信息多。
- 解释性图片：可以帮助学习者领会困难或抽象的信息，可以对抽象概念提供直观的诠释。
- 转换性图片：为学习者提供视觉支点，用于对事实性知识的记忆，常常把具体画面整合起来，帮助学习者回忆抽象的观点。

表征性图片是对熟悉的信息增加具体说明，程序性图片则提供了系列操作的步骤，解释性图片则加深了对较难的抽象材料的理解。图片或者图表的使用首先要合适，和相关的文字内容相互配合，要能够起到加深印象、促进信息加工、降低认知负荷的作用。其次，图片或图表的内容要简单明了，容易理解和记忆。第三，内容要准确，尤其是程序性图片或者一些标识数字的图表。

2. 音频视频的设计

视频和音频是在线课程中最重要的学习资源，可以是学习引导性材料、真实情境的案例、教师的讲解、动态的故事等。视频音频具有举例、增加多样性、介绍多方观点、提供真实性案例、建立与真实世界的联系、提供具体的例证、支持不同的学习风格等功能。① 音视频的提供者可以是教师、学习者和来自业界的专家学者，也可以是来自其他影像的片段，比如电影、新闻、纪录片等，还可以是来自现场的真实录像。

音视频的内容可以是介绍、总结或者构建事实性知识和概念；提供关于某一观点的例子和多方信息；提供问题情境；讲述一个故事、过程或者实验；反映教师或者专家的观点；组织知识的结构和相互关系；评价作业或者一个任务的主要要素和完成情况等。

随着软件的发展，开发音视频的工具也越来越普及和大众化，利用手机、电脑中自带的软件就可以制作质量较高的音视频，一些专业好用的音视频软件还包括格式工厂、Audacity、PPT、Camtasia Studio、Jing 等。

由于视频资源的制作技术不同，内容的呈现形式也不同，设计要求和适用的知识类型也有所区别。因此，根据视频的开发技术而导致的视频呈现形式不同，可将视频资源作如下划分。

- 录屏类视频：利用录屏软件同步录制教学内容和过程而形成的微视频，适用于操作演示类知识(例如软件工具的学习、程序操作等)的呈现。
- 录像类视频：主要通过摄像技术(手机拍摄、摄像机拍摄)实录教学过程，并进行后期编辑制作的微视频，这是传统视频课程常用的制作方式。
- 转录类视频：将已有的 Flash、PPT 等资源进行配音，并转化而成的微视频，这是目前常用的教师自制视频的方式。

视频制作需要考虑的问题包括：视频的长短、视频的格式标准、镜头的主要风格、画面的基调、交互设计、画面中的文字和字幕的呈现方式、节奏、解说的方式等要素。在设计时要同样需要考虑多媒体原则、适应性原则和主动加工原则。一些具体的要素设计可以参考如下内容。

视频的长短　时间一般控制在 10 分钟左右，比如 FutureLearn 平台的慕课视频长度一般在 5 分钟左右，不会超过 8～12 分钟。

视频的形式　不局限于教师出镜或者学习者出镜，也可以是不出镜的讲解或者对话、讨论等方式。

多媒体组合方式　当画面需要同时呈现人像、文字或者图像等多个媒体形式时，

---

① Marjorie Vai & Kristen Sosulski (2016). Essentials of Online Course Design: A Standards-Based Guide (Second Edition). New York, N.Y.: Routledge Press.129.

要考虑画面的冗余原则，布局上注意留白，要素不能太多，多个要素同时出现时要分主次，将最需要学习者注意的信息放在屏幕最显著的位置。

脚本和解说 可以在视频下面同时提供与之匹配的文本说明，学习者可以根据自己的学习风格选择观看视频或者直接阅读文本材料。视频内的解说字幕采取可自由选择播出的方式，条件允许，可以提供多语言可选字幕。

内容设计 内容要主题明确，每个视频的教学目标独立明确，只解决一个问题或一个问题的某个方面。选取的术语要保持一致性，以减少学习者的认知负荷和困惑。

格式 视频要有开头、主体和结尾，文字的显示工整清楚，背景简洁，配色不超过 4 种，建议用无衬线字体，比如黑体或者微软雅黑等，字体不要超过两种。文字的大小要适合，一般正文大小 22~36 磅之间。文本的颜色和背景产生高对比度，容易辨认。

强调 标题用关键词和短语来体现文本的内容，可以通过字体的大小、颜色、字体、项目符号等方式来区分不同的层次，需要注意的是，每个单元的同一级别的标题的表征要对应。标记信息结构的另一种方式就是变幻字体，增添大字体、斜体字或者加粗字体等方式产生形式上的区别。需要注意的是，在一个单元的设计中，字体不要超过 3 种，变幻的形式也不要太多，以免丧失重点信息。

节奏 讲解过程直观，语速要适中，图片、动画、配合文字等内容呈现要能够和学习者思考的速度相符，太慢容易让学习者感觉无聊，太快会产生焦虑感。合适的速度取决于学习者先前的知识、一般能力和材料难度的相互作用。

配音 声音要清晰、发音标准，确保无干扰噪音，音量适中。要用第一人称，用学习者水平能够接受的词汇。

控制 在技术条件允许的情况下，允许用户选择控制选项和配置屏幕布局。

基调 色彩不是构成画面的直接元素，但是却决定着页面整体风格。需要根据内容，确定整体设计方案，包括色彩、风格的选定。整体色调要有适当的想象空间，同时给人以美感，切忌为华丽，忽视其相关性。

素材 素材要尽可能统一风格，比如要用手绘素材，全篇尽量全部用，注意版权问题。

(三)学习指南的设计原则

一个良好的学习环境不但包括各种学习资源构成，还包括相关的支持性信息、程序性信息和部分任务实践。① 这些内容可以以学习指南的方式提供给学习者，学习指南可为其他的学习材料提供可靠的课程框架。

1. 学习指南的内容

学习指南是学习者开展完全在线学习、混合式学习的重要支持工具。学习指南不仅可以引导学习者的学习步骤，还可以对初学者进行一定的限制。随着学习的深入，可逐步减少学习指导或者帮助。学习指南还可以提供相关知识的背景信息、分析和说明，也就是在面授教学中帮助可能用到的东西都可以放进学习指南里。

一个典型的学习指南通常包括下列各项。②

- 课程介绍和学习目标的介绍
- 具体课程与活动日程安排
- 明晰的课程结构
- 如何使用所分配的学习时间的指导
- 与每一个目标相关的学习说明
- 讨论主题的详细描述或者引导性问题
- 阅读材料和其他媒体之间的关系的说明
- 活动和练习指导
- 为自我评估而设置的一系列待回答的自测问题或者待讨论的问题
- 评分方案与其他课程要求的说明
- 有关写作以及其他作业准备与提交的指导
- 带注释的文献或其他参考书目
- 实践活动或其他课外活动的建议
- 有关好的学习方法的建议
- 如何联系教学者或是辅导员的信息

---

① van Merriënboer, Jeroen J. G.,Kirschner,P.A.,&kester,L.(2003).Taking the load of a learner' mind: Instructional design foe complex learning. Educational Psychologist,38,5-13.
② 迈克尔·穆尔，格雷格·基尔斯利. 远程教育系统观[M]. 王一兵主译. 上海：上海高教电子音像出版社，2008：108.

2. 学习指南的书写策略

学习指南也可以多媒体文本方式呈现，在设计中可以参考前面提到的多媒体文本设计策略，尤其是文本、图片、图像、表格的组织和排版，设计中还需要考虑指南的书写风格。

学习指南的所有内容要符合学习者的水平和认知习惯，可以为学习者提供多版本的学习指导，还可以提供知识地图以支持导航。

在写作风格上，很重要的一点是要采用对话的形式而不是以文学或者学术的口吻来编写学习指南。这一点意味着在语态设计上，要使用主动语态和"你""您""我们"等人称代词，增加亲切感和代入感；在文字表达上用尽量简单的词汇，难度要和学生的水平以及接受课程的程度相一致。

学习指南中的手册将成为教学者的替代品，学习手册应包含关于重点概念的解释，对于一些复杂概念的认知方法将会在学习手册中营造出一种更加具有对话风格的氛围，例如使用个人的奇闻异事或者例子；使用评论来表示对文章内容不同或者反对的观点；提出一些问题来引发学生的思考等。

学习指南中可以介绍授课导师的个人观点，但学生使用学习手册时，会感觉自己正在上这个老师的课，增加学习者的人性化体验。

学习指南也是为学习者提供认知支持的工具，可以提供各种类型的先行组织者以激活现有的认知结构或提供和课程相结合的新信息。对比类先行组织者可以帮助学习者回忆先前知识，解释性先行组织者可以用来帮助学习者吸收课程的细节。另外，指南中可以提供概念图或知识地图，学习者可以使用它来获取或建构与该课程有关的心智模型或存储结构。

总之，在设计学习指南时，主要的设计策略包括下述各点。

- 注意认知负荷，避免无关信息的干扰；
- 关键的学习内容要进行强调，以引起学习者注意；
- 多种媒体方式同时表征时要考虑多媒体的学习原则；
- 关键学习任务应告知学习者注意，或者多次强调；
- 学习内容的难度水平与学习者的认知水平应保持一致，或者为学习者提供多种选择，以适应学习者不同的能力水平；
- 帮助学习者在新知识和已有经验之间建立联系；

- 为学习者提供整个学习内容的知识地图或者组织框架；
- 设计灵活的学习路径允许学习者自主选择；
- 信息的组块应满足工作记忆的需求；
- 提供多种信息呈现方式，适应个性化学习风格；
- 帮助学习者对知识进行深度加工；
- 激发学习者学习动机；
- 帮助学习者使用元认知策略；
- 有助于知识的记忆和迁移。

三、学习内容的规划设计方案

在线学习内容设计方案的设计是在完成了学习任务的分析和教学策略的设计之后，对具体的学习目标、学习任务和教学策略、具体的学习内容、所需媒体、学习资源的类型等内容进行规划。在线学习设计的方案可为合理组织需要设计的学习资源和学习活动提供依据，尤其是团队协作开发的课程。一个在线学习方案中应该包括的主要内容有课程的背景信息、课程概述、目标学习者、先决技能、课程目标说明、主要学习内容和学习活动、传输方式、媒体、评估方式等。这些内容可以归纳为三个方面：规划方案、内容设计方案和评估方案。

(一)规划方案的主要内容

为了能够规划课程设计的系统化工作，对设计与开发的每个步骤都需要明确完成的任务清单和路径，形成每个阶段的课程设计方案。规划方案是指呈现课程安排顺序、必要技能等信息的概览图，用于帮助开发和设计的详细课程信息。规划方案既是课程的大纲，也是在线学习者在学习前需要了解的主要内容。

1. 规划方案的主要内容

规划方案中包括课程背景信息、课程概述、教师和辅导人员信息、课程结构、教学模式和策略、学习结果、评分体系、参考资源、技术环境支持和要求等。

课程背景信息包括课程名称和代码、上课的天数、课时数、在线时间、先修课程、目标学习者、在线课程网络地址、注册方式、学分等内容。

课程概述包括课程目标的简短描述、所需的必备技能、课程涵盖的学习目标或能力、支持性或激励性目标等。

师资情况包括教师和辅导人员的姓名、职称、专业背景、在线辅导时间、面授时间和地点、个人联系方式、可以联系的时间段、回复邮件的日期和时间段等。

课程结构包括主要讲授的主题、课程的结构流程图、单元内容、学习内容的重点和难点以及呈现内容的方式。

教学模式和策略包括要采取的学习模式、希望学习者参与的方式、每个单元的主要教学方法等。

学习结果包括学习者在课程结束时应该获得的技能,也包括阶段性的学习成果,是对学习目标的具体描述。

评分体系包括所有纳入考核的作业、活动的分值,比如在线作业、测试、同伴互评、讨论、论文、项目等,还要说明评分标准和最低要求。

参考资源包括课程的在线资源文件夹和地址、参考数目、文章和多媒体资源的阅读清单,这些资源要表明哪些是必看的、哪些是推荐的。

技术环境要求包括需要准备的设备、网络和相关技术水平。

2. 规划方案模版

规划方案是对该课程的目标、受课人群、主题的简单描述,一般用于申请课程和规划课程的阶段。以 FutureLearn 为例,在申请开课时需要提供的内容如表 7-1 所示,以该平台上的《Big Data:MathematicalModelling》课为例,课程概述内容如附录 1 所示。

表 7-1 课程规划模板

课程名称
课程的简短描述
课程持续时间(周次和每周需要的时长)
教师介绍
目标人群(学历水平、先前经验、前导课程等)
其他要求
课程框架
学习结果(学习者通过学习本课程获得技能)
评分体系

(二)在线内容设计方案

内容设计方案主要是对一个完整在线课程涵盖的所有学习资源的整体规划,这些材料是学习者即将用来实现学习目标的所有内容,可以包括多种媒体呈现形式。托尼·贝茨曾指出,一个完全的在线课程通常包括以下一个或诸多内容。[①]

- 指导学习的网站,包括课程、课程目标、内容目录、参考读物、课程安排以及作业等;
- 课程模块,包括若干学习单元,每个单元有作业、课程内容、阅读材料、学生活动以及反馈;
- 教师提供的原始材料,包括文本、研究论文、数码照片形式的原始数据等。
- 在线论坛;
- 网络资源链接,包括相关网站、在线杂志以及图书馆资源的链接地址;
- 能够在线提交的测验或者小论文形式的作业;
- 基于印刷品的阅读材料,包括教科书、杂志文章的汇编;
- 其他媒体材料,包括视频音频剪辑、动画、模拟,其内嵌于网站或者分步发送的相关压缩光盘。

根据上面提及的课程组织方式确定需要实现的学习目标和需完成的学习任务基础上,在筛选学习内容时需要考虑的具体问题包括:课程周期(周次)、学习内容的编排和组织、学习材料清单等。

1. 课程周期

课程周期可以按照主题的数量设定,每个星期的学习时间则由所授课程的学分和课程持续的星期数决定。在课程的首页介绍处,应告知学习者课程的持续周期和每周所需时间。

一个初步的计算方法为:按照一个学分需 15 小时的课堂时间,2 个学分的课程一般需要 30 小时课堂时间,每个课堂时间另外还需要大约 2～3 小时的课外学习时间,

---

① 托尼·贝兹. 技术、电子学习与远程教育[M]. 祝智庭主译. 上海:上海高教电子音像出版社,2008:133-134.

2 个学分的课程需要 90～120 小时的学习时间。如果课程持续的时间是 15 周，则每周的学习时间为 6～8 小时。

如果是完全在线课程，则需要设计每周至少 6 小时的在线学习任务，包括阅读文本和视频、完成作业、在线讨论、测试等活动。如果是混合式教学，每周的时间可以根据学习活动的安排适当分配。

在线课程的周期还和课程设置的目标有关，如果是学分类课程，一般会遵循上面的标准。但也会和本身的课程需求有关，比如 MOOCs 中 Mini 课程和介绍类课程，目前一般持续 4～8 周，每周的学习时间不超过 4 小时，完成后会获得一个学分的合格证书。

2. 在线内容的组织文档

内容组织文档需要包含课程架构设计过程的所需信息，为项目管理者、教学设计者、教师、媒体开发师、在线内容制作师提供必要的过程文件。内容组织文档中要包括在线内容的序列，各部分内容涉及的学习目标、学习内容及重点难点分析、所需媒体、具体方法和过程(含时间分配)、学习活动设计和评价方式等内容(如表 7-2 所示)。

3. 学习资源清单

资源设计方案还要包括这些学习资源的拥有状况，具体说明该内容的媒体形式(文本、图像、视频等)、活动类型(讨论、观看视频、阅读文章、测试)；还要说明这些资源的拥有情况，是否需要重新加工和增补，是否拥有版权等。一份学习资源清单中包括用途(是需要讲授还是用于参考的辅助材料)、已有资源(资源的类型、是否可用)、可获得资源(资源的版权等)、参与课程开发的程度(需要重现开发的内容、所需媒体)等事项。[①]表 7-3 是一个单元的学习资源设计表。

---

① Carol A.O'Neil, Chery A. Fisher etc.(2014). Developing Online Learning Environments in Nursing Education[M]. Springer Publishing Company, New York, NY 10036：62.

表 7-2　某一单元内容组织文档模板

单元名	学习者分析的主要内容		
具体学习目标	目标 1 …… 目标 2 …… ……		
学习任务	相关知识 技能 需解决问题		
总时长(每周)		学习模式	
内容概要(包括学习环节、学习活动、资源形式)			
	学习内容	活动序列	活动类型 (不限以下类型和顺序)	资源形式 (不限以下类型)
	内容 1	活动 1	观看	视频
	内容 2	活动 2	讨论	文本
	……	活动 3	阅读	文章
	……	活动 3	测试	文本
重点难点	核心概念、主要问题		
评价方式	包括评价类型、指标、权重和要求		
辅助资源	任务说明表；提醒和执行任务的步骤列表；技术文件和手册；流程图和原理图；参考书和手册；编程文本；多媒体计算机程序；程序和其他电子文件等。		

表 7-3　单元学习资源设计表

学习单元	知识点	所需资源清单	用　途	已有资源	需要加工或者增补的资源
1.1 标题＊＊					
1.2 标题＊＊					
……					

(三)学习资源的开发脚本

在线学习资源的开发包括在线学习管理系统中呈现的结构、文本和视频等内容的开发。由于在线学习资源的开发往往需要包括任课教师、文本开发、视频开发、后台编辑等人员的合作，各个环节中的脚本编写就非常重要。脚本编写是设计阶段的总结，也是开发人员的工作蓝图，在开发阶段指导各类人员的协调工作。脚本也称故事板或描述板，是描述学习者将在在线学习环境中看到的细节。脚本包括文字脚本和制作脚本。

1. 文字脚本

文字脚本也称为 A 类脚本，是按照教学过程的先后顺序，描述每一个环节教学内容及其呈现方式的一种形式，其主要目的是规划教学软件中知识内容的组织结构，帮助教学软件开发者将所要传授的知识清晰化，并对软件的总体框架有一个明确的认识。文字脚本除了要表达清楚知识内容以外，还需要对学习目标、教学策略、所使用的媒体资源、框架结构进行说明。[①]文字脚本主要内容包括下述各点。

内容说明。针对每一个目标，要提供学习信息，包括教师的评论和看法、相关的阅读材料、其他媒体材料和作业要求等。

需求说明。也称为功能规格说明或系统规格说明，需要说明一个学习环境能够提供的功能和所要考虑的限制条件。

界面设计说明。界面设计的内容和规则，包括在屏幕上出现的位置、大小、字体、特殊显示(如强调点、动画、指示标识)、配音和配乐的风格等。

学习资源说明。说明已有的资源、需要修改的部分、重新设计的资源、资源的功能和使用的方式、素材来源。

2. 制作脚本

制作脚本也称为 B 类脚本，包含着学习者将要在计算机的屏幕上看到的细节。文字脚本是设计的功能描述，制作脚本是要把文字脚本的内容转变为可以进行开发操作的流程和规定。如果是开发一个视频，制作脚本要描述每个镜头的表达内容，也就是分镜头脚本。制作脚本也可以先有一个描述性的脚本，再制作分镜头脚本。

图 7-1 是一个视频的分镜头脚本。

---

① 武法提. 网络教育应用[M]. 北京：高等教育出版社，2003：288-289.

第一部分：XXXX					
序号	画面描述	画面图解	解说（或旁白/对白）	时长（秒）	备注
A1	用轻快背景音		移动互联网时代，我们对教育充满期待	与解说词同步	
A2	和解说词配合动画出场	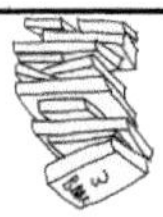   	要资源丰富，要随时随地，要便捷规范，要实时交互		

图 7-1 视频片段的分镜头脚本

第八章 在线学习活动的设计

在线学习任务是通过学习者与学习内容、其他学习者和指导教师的交互活动完成的。在线学习活动可以归为自主学习活动和协作学习活动两大类。按照活动理论,为学习者设计合理的学习活动是促进学习者有意义学习的重要课程设计理念。一门在线课程中各种学习活动是学习者在线参与的所有学习行为的主要表现形式,也是在线学习设计的关键,其交互结构其实也就是学习活动结构。

一、在线学习活动类型

学习活动的设计是以课程的学习目标为依据,结合学习资源的特征和学习环境的支持情况,通过设计一系列相关的学习任务使学习者获得相关学习体验的活动。学习活动代表了不同教学方法的运用。本书主要关注在线课程中的学习活动设计,主要形式是学习者与学习材料的交互活动、学习者之间的交互活动、学习者与教师之间的交互活动三种类型。随着 web 2.0 技术的迅速发展,在线学习环境中的社会化学习功能正在逐步加强,学习者之间的社会交互活动也变得更为重要。

(一)基本学习活动

根据建构主义学习理论,一个学习环境包含的学习活动应具有多种交互方式,能够促进学习者知识建构;具有挑战性的活动;能够激发学习者的主动学习;创设问题情境,鼓励学习者之间的协作;能够促进学习者反思;为学习者提供控制学习过程的机会,包括决定学习材料、学习顺序和评价方式等;能够有助于反映学习者对知识的理解程度方面的评估方式,等等。

1. 有效的学习方法

学习活动是某种学习方法或组合的学习方法的体现。Marc Prensky 曾指出,特定的学习活动可能会产生不同的学习结果,比如:[①]

---

① Prensky, M. (2000). Digital game-based learning. New York: McGraw-Hill. 156.

- 通过模拟、反馈和实践养成行为；
- 通过游戏培养创造力；
- 通过联想、训练、记忆和问题获得事实；
- 通过回顾案例、提问、做出选择、收到反馈和训练进行判断；
- 通过模仿、练习和沉浸学习语言；
- 通过查看例子和反馈进行观察；
- 通过模仿和练习学习程序；
- 通过系统分析、解构和实践学习过程；
- 通过发现原则、完成任务形成体系；
- 通过谜题、问题和例子进行推理；
- 通过模仿、反馈、不断实践和不断增加的挑战获得技能；
- 通过记忆、实践和训练提高演讲表现；
- 通过逻辑、解释和提问增加理论。

尼尔森根据布鲁姆的学习结果分类，列出了针对各种学习结果的有效教学方法，如表 8-1 所示。这些方法中有些是教师要求学习者完成的活动，有些是学习者为了完成学习任务自己进行的学习活动。每种方法可以达到的效果如表 8-1 所示。

表 8-1 有助于学生达到不同学习效果的教学方法[①]

效果方法	了解	理解	应用	分析	综合	评价	认知培养	转换心智模型
讲课	X							
互动性讲课	X	X	a	a	a	a	a	
习题课	X	X						
定向性培训		X	a	a	a	a	a	a
说写练习		X	X	X	X	X		
课堂评估技巧		X	X	X		X		
小组活动或学习		X	a	a	a	a	a	
学生间反馈		X		X		X		
科学实验		X	X					
及时教学	X	X						X

---

① Linda B Nilson. 最佳教学模式的选择与过程控制(第 3 版)[M]. 魏清华, 等译. 广州：华南理工大学出版社, 2014：123-124.

续表

效果方法	了解	理解	应用	分析	综合	评价	认知培养	转换心智模型
案例分析			X	X	X	X	X	
探究式学习	X^b	X	X	X	X	X	X	X
问题式学习	X^b		X	X	X	X	X	
项目式学习	X^b	X	X	X	X	X		
角色扮演或模拟		X	X			X		X
反思式学习			X	X	X			X
实地调查	X	X	X	X	X	X	X	X

X 表示如果能恰当运用该方法，就有助于学生达到学习效果。
a 表示取决于讲课间隙的各种任务、讨论问题或小组任务。
b 表示习得的知识也许仅限于特定问题或项目。

2. 在线学习活动类型

研究者们对于教学方法或者学习方法的分类标准有所不同，在线学习活动的设计和学习环境能够提供的功能和所选择的学习模式有关。第二章我们曾经介绍了目前在线学习管理系统能够提供的技术功能，包括信息发布、电子邮件、讨论论坛、Wiki、博客、测试和问卷、作业、档案袋、工作组、社会网络、聊天室、实时教室或者会议、检索等。这些功能可以支持的学习活动类型可以参考表 8-2 所示的内容。

表 8-2　在线学习活动类型和工具[①]

学习活动类型	工具	变化形式	参与人员
班级讨论	讨论论坛；社会媒体	创建一个班级社区；	二人至全班
文章撰写	微博	个体反思；教师反思/建模	个体
分享知识	Wiki；工作组；群组	合作词典；带注解的参考书	小组至全班
实践练习和自我评估	测试；问卷	多选；填空；配对；判断；简答；论述	个体至二人

---

① Marjorie Vai & Kristen Sosulski (2016). Essentials of Online Course Design: A Standards-Based Guide (Second Edition). New York, N.Y.: Routledge Press.93.

续表

学习活动类型	工具	变化形式	参与人员
项目	工作组；Wiki；博客；视频网站；PPT等	小组项目展示；小组研究项目	个体、同伴或者整个班级
接受性活动	PDFs，播客；工作组；Wiki；博客；视频网站；PPT等	教师/学生的音频/视频展示；课程的阅读材料；各种音视频材料	个体
研究	网络调查；在线数据库；大学图书馆	文献综述、元分析、报告；二手研究报告、视频的同伴评阅；一手研究(访谈)	个体，同伴

设计者可以根据需要确定学习活动的类型和内涵，可以用于在线学习活动的具体方法有讲授、演示、讨论、练习、实验、操练、模拟、角色扮演、游戏、案例研究、谈话、建模、合作学习、辩论等。每种方法具有特定的学习功能，能产生不同的学习效果。

学习者的活动可以是讨论、汇报演讲、小组作业、视频会议测试、情景模拟、角色扮演等活动，也包括利用文本材料的交互设计。除了电话会议和小组讨论之外，还可以混合纸质材料作为辅助。适当要求学习者参与虚拟活动并提交反馈也是让学习者参与学习活动的有效方式，比如设置一些要求学习者反馈的问题，或一些需要完成的自我测试。对学习者的参与给予适当的反馈也非常重要，比如教师或者辅导者回答学习者的提问，总结学习者的讨论等。另外，让学习者以伙伴或者小组形式制订解决问题方案，然后互相展示他们的成果也是非常有效的学习方法。不过，对任何一种合作学习而言，学生都需要非常清晰的教学和指导，尤其在同步环境中。

(二)学习活动的设计要素

目前在线课程平台中设置的主要功能有学习资源版块和学习活动版块。资源版块主要包括教师提供学习资源、学习者的个人表达和知识管理、学习者共建学习资源等功能。学习活动版块有两类：评价模块可以设计的学习活动包括作业、投票、测试、同伴互评、问卷等；讨论模块可以设计的学习活动包括在线聊天室、讨论区、评论等。这些版块提供的学习功能可以进行组合，能构成不同类型的学习模式，比如探究类学习模式可能会用到讲解、讨论、在线展示、项目研究、Wiki合作等活动。本节将重点分析学习活动中一些共同涉及的要素，比如引导性要素、交互要素、体验要素、评价要素等。

1. 引导性学习材料

学习的开始往往得益于学习者对要学的内容产生兴趣或者有开展学习的需求，引导性活动可以理解为通过展示、讲授和讨论相关的刺激材料，促使学习者开始产生问题和需求并有意向解决这些问题的活动。引导性活动可以发生在学习的任何阶段，目前在线课程中的引导性活动主要通过呈现各类学习材料的方式展开。这些材料可以激发学习者动机、回忆先前知识、提供示范、帮助总结和创设新的问题等。材料的类型可以是文章、概念图、视频、图像、动画等，一些能够引导学习者的材料包括以下几种。

1) 先行组织者

先行组织者的概念来自奥苏贝尔的理论。他认为，促进学习和防止干扰最有效的策略，是利用适当相关的和包摄性较广的、最清晰和最稳定的引导性材料，也就是先行组织者。[①] 先行组织者具有较高的概括性，一般是在呈现教学内容之前介绍，以帮助学习者将新的学习内容和已有认知结构中相关联的要素建立联系，促进学习和保持信息。先行组织者有两种：比较性组织者和陈述性组织者。前者用于学习者对学习内容较为熟悉的情况下，将新知识和旧知识进行比较。后者则是在学习者对新内容不太熟悉的情况下，将新知识与旧知识进行融合。[②]组织者的主要功能是在学习者能够在有意义学习新知识之前，是学习者注意到自己的认知结构中已有的概念，并和新知识之间建立联系，为新知识的学习提供脚手架。可以提供先行组织者的方法有讲授、展示、比较等。

2) 探究性问题

应给予学习者提问或回答的机会，并且在大多数学科中他们可以表达自己的想法。另一种引导性材料是促进和激发学习者开展探究和问题解决的方法，这些问题可以用提问的方法引出，也可以使用具有情节的逼真故事(抛锚式教学中的锚)的形式引出。探究模式中使用的锚往往是有情节的逼真的问题情境，设置上遵循循序渐进、连续不断的原则，是一个一整套的问题情境体系，以此激发学习者探索问题的欲望，激

---

① 施良方. 学习论——学习心理学的理论与原理[M]. 北京：人民教育出版社，1995：251.
② Morrison,Ross&Kemp. 设计有效教学[M]. 严玉萍译. 北京：中国轻工业出版社，2007：158.

化学习者认识上的矛盾。这些问题要具有探究性,问题的呈现不是简单地罗列在一起,而是有目的地组织,可以引导学习者对要探究或者讨论的话题进行越来越深入的思考。这些问题也被称为"触发事件",促使学习者开始着手理解问题的本质,寻求相关的信息和可能的解释。问题中蕴含着所要学习的基本概念和原理,让学习者通过问题解决来建构对这些概念、原理的理解。[①]对问题的设计既要考虑到学习者现有知识和能力,也要在一定程度上高于他们现有的水平。问题可以来自实际生活,也可以来自理论思考。创设问题可以引起兴趣和注意力;发现问题及检查;回忆具体知识或者信息;鼓励更高层次的思维活动;组织或指导学习。问题应该按照提问顺序的不同而变化,排列顺序可以参考表8-3。

表8-3 提问的排列顺序

类　型	描　述
扩展型	同一主题的一系列同一类型的问题
扩展提高型	先是要求举同一类型的例子的问题,然后跳到不同类型的问题;回忆,简单的推理和描述,推论和假说
漏斗型	先是开放性的问题,然后将其范围缩小,要求进行简单的推理或回忆,或是得出推论和解决问题
播种收获型	提出主题,再问开放性问题;然后是具体的问题,对最初的问题重新界定
逐步提高型	一系列问题,有系统地从回忆进行到问题解决、评价及得出结论
逐步下降型	开始是评价型的问题,然后有系统地从解决问题进行到简单的回忆
空降型	开始是评价和解决问题,然后直接进行简单的回忆

提问的问题应为富有成效的、具有挑战性的问题,可以是比较性问题、评估性问题、相关性或因果效应的问题和评论性问题。按照布鲁克菲尔德等人的观点,如果问题想让学习者更深入地学习,可以是需要更多证据的问题、需要澄清的问题、具有因果效应的问题、假设性问题、开放性问题、联系性或扩展性问题、概括和综合性问题等。[②]

3) 案例

乔纳森曾指出,案例在解决问题的学习中至少有三个作用:榜样、呈现问题情境

[①] 张建伟,孙燕青. 建构性学习——学习科学的整合性探索[M]. 上海:上海教育出版社,2005:191.
[②] Linda B Nilson. 最佳教学模式的选择与过程控制(第3版)[M]. 魏清华,等译. 广州:华南理工大学出版社,2014:159.

和表征问题。首先，案例可以具体说明问题解决的实践，通过给学习者呈现专家解决问题的不同方式来支持学习；其次，通过展示案例，可以让学习者了解问题解决的情境，便于学习者解决类似问题的学习迁移。更重要的是，案例本身就是呈现问题的方式，案例往往是发生在商业、法律、医学和教育等真实世界的真实活动，因此，案例也就呈现了一个要解决的真实问题。使用案例来呈现问题的关键在于案例能引起学习者的兴趣，以便于促使学习者能努力解决这个案例。

案例必须包括问题的属性以及外部情境的描述，如执行环境的描述、案例涉及人员及他们之间的关系、案例中的问题等。在对案例的描述中，要包含与问题有关的自然、社会文化、组织氛围等相关内容。具体的成分如下述各点。

- 案例发生的地点和时间
- 问题周围的自然资源
- 产生问题的商业、代理或机构的特征
- 这些机构的主要产品
- 组织中的社会文化和组织文化
- 历史情况

另外，描述实践团体也是很有必要的。如谁是案例的执行者？他们的信仰、偏见和目标是什么？谁制定政策？他们的价值观、习惯和预期是什么？执行者的绩效和技能背景如何？

这些信息可以以文本的方式提供，也可以是和关键人物会谈的录像或音频信息。

2. 互动要素

互动要素是通过促进学习者之间的交流和协作以达成某些学习目标的策略。根据联通主义的观点，学习者的学习不再只存在于固定的学习空间中，而是在各种 web 2.0 技术的支持下，打破了时间、空间的限制，分布于学习者之间的各种网络工具中。通过发布帖子、评论、点评、交流等方式，学习者之间的交互方式也突破了原有的学习管理系统的功能属性。因此，对学习活动的设计除了考虑学习环境原有功能设计之外，还要把可以连接学习者的各种社会媒体考虑进来，比如学习者个人的社交网络工具微信、微博、Facebook 等。互动的方式可以是同步交互和异步交互，两者的设计要素有所不同。

在线学习环境能够创建知识共享和知识建构的学习共同体，在线论坛是在线学习环境中创建学习共同体的重要组成部分。在知识建构共同体中，共同体成员通过将自己的问题、假设、事实证据、资料等在共同体之中共享，贡献自己的思想，对思想、见解共同进行持续改进，并通过对这些见解的评论、质疑、改进、丰富和汇总而发现新的问题和挑战。因此，这个过程不仅是建构自己知识的过程，同时也是发展集体的公共知识的过程。学习者可以通过共同推进共同体公共知识的增长而实现个人知识的发展。[1]

目前在线学习环境中可以帮助学习者建构和分享知识的方法有创建文章和博客、阅读帖子和短文(Note)、评论、提问等，在这个过程中，学习者之间进行持续的对话，生成有潜在价值的见解，并持续探索和改进这些见解。他们可以生成理论和解释、设计实验搜集真实的数据、查找并介绍专家资源、修订概念以及回应在共同体知识中出现的问题和见解。在这个过程中，他们可学会使用学术资源来建构新知识，不断推进共同体的知识前沿，同时个人对该主题的理解也更为复杂和科学。[2]更为重要的是，在共同构建集体知识的过程中，他们实现了集体认知责任。他们为共同体知识的持续发展负责，也为个人成长和同伴的学习负责，主动地将个人的兴趣和能力发展与集体目标的实现结合起来，相互促进，共同发展。

能够促使学习者形成知识建构共同体的学习活动包括各种探究类活动，比如基于问题的学习、基于项目的学习、案例研究等。

3. 体验要素

问题解决过程的模拟以及对结果的检验对学习者的学习有重要作用。其中，模拟和检验的方式可以用多种技术手段实现，比如用因果模型来表征问题解决中各要素的因果关系，也可以用视频来模拟专家解决具体问题的过程，还可以通过情景模拟让学习者体验真实解决问题的体验。学习者可以利用这些工具来比对解决问题的途径、方法和策略，加深对自己思维方式和解决问题过程的理解。

情景模拟是通过从现实中提取主要因素，让学习者来实践假设和理论的内涵，赋

---

[1] Scardamalia,M.，张建伟，孙燕青. 知识建构共同体及其支撑环境[J]. 现代教育技术，2005，15(3)：5-13.

[2] Sun, Y., Zhang, J., & Scardamalia, M.. Knowledge building and vocabulary growth over two years, Grades 3 and 4[J]. Instructional Science, 2010，38 (2)：247-271.

予学习者强烈的情感、认知和行为体验。[①] 一种情景模拟方式是角色扮演，首先寻找现实生活的情节来建构自己的模拟情境，然后设计人物角色及其追求的利益，要确保主要人物之间的矛盾冲突或竞争，最后是编写必要的文字材料，设计指令说明、表演限制和程序规则。另一种模拟情景的方式是学习者参与生活中真实的项目实践或者问题解决实践，将解决问题的过程和方案在网上与其他学习者共享。学习者在解决问题的过程中需要一定的提示，这些提示可以帮助学习者进行深度思考、发现自身存在的问题并能评价自己的行为。可以采用的技术手段是提供导航或者及时提示语，指导学习者审查问题和决定，提醒对某个环节加强注意以及作出进一步的决定。

4. 反思要素

反思是非常重要的深度学习的方式，学习者通过反思可以更好地了解自己的学习状态，集体反思还有助于学习者之间的知识建构。一种反思方式是在课程中使用自检问题和练习的反馈，让学习者检查自己掌握知识的情况，也可以使用他们的元认知技能在必要时调整自己的学习方法。

另一种方式是要求学习者编写反思日志。每次学习之后，可以鼓励学习者完成反思日志，包括在学习过程中理解的要点和还不是很清楚的地方。学习日志可以帮助学习者审查自身的学习优势和弱点，还可以帮助学习者找出复习课程的要点，也可以进一步了解和总结自己的学习策略。学习日志还可以通过作学习笔记、批判性分析学习材料的过程，加深对知识的理解和批判性思考的能力的提高。

设计的反思的内容可以包括：你已经了解了什么相关内容？哪些内容和你已知的或已经确认的相矛盾？有你不理解的推理思路吗？什么地方你不理解？除了思考在学习中学到各种不同的技能、学习中的阻碍、知识和技能上的不足以及怎样来填补等问题以外，学习者还需要思考自己的动机、态度和观点等问题。

对于教师而言，学习者在开始的时候往往不知道该如何反思，这时候可以给学习者提供反思问题清单，问题主要是针对解决问题中的策略性知识而设计的。诸如是否有其他解决方案？我能发现么？我能证明目前方案的适恰性么？这种解决方法的适用情境是什么？什么时候是正确的？什么时候是错误的？如果要证明它我需要做什么？

[①] Linda B Nilson. 最佳教学模式的选择与过程控制(第3版)[M]. 魏清华，等译. 广州：华南理工大学出版社，2014：149-150.

阿戴尔曾指出，具体的反思问题可以从三个方面入手。[1]
  (1) 理解面临的问题。
  ● 你最初什么时候感觉或开始意识到存在问题或必须决策？
  ● 你是否用自己的话界定了问题或目标？
  ● 有没有其他对问题的界定方法值得考虑？它们暗含了怎样的一般解决方法？
  ● 你清楚要做什么吗？你现在处于什么状态，你想达到什么状况？
  ● 你是否看出了显而易见的事实并确定了重要因素？是否花更多的时间去获得更多的信息？
  ● 你是否恰如其分地将问题简化到了最低程度？
  (2) 为了解决问题。
  ● 你是否核查了所有主要假设？
  ● 你是否从所有可能的路线或解决方法中确定了几个可行方案？
  ● 你能不能进一步精简备选方案？
  ● 如果所有解决方法或行动路线看起来都不很妥当，你能否整合两个或更多解决方法，从而有效地处理问题？
  ● 你能否清楚地确定了判断可行方案的标准？
  ● 如果你仍然感到困惑，你能想象自己实现了最终想要的结果吗？
  ● 如果可以，你能否从那个结果开始逆向思考，直到你目前所处的境遇？
  ● 有没有其他人面临这样的问题？他们是怎么解决的？
  (3) 评价并执行决策。
  ● 你是否利用了所有可得的信息？
  ● 你是否从所有角度检查了解决方案？
  ● 你清楚外显结果吗？
  ● 你是否制订了有时间节点的执行计划？
  ● 这个计划现实吗？
  ● 如果事情不像预料中那么顺利，你有应急方案吗？

---

[1] 约翰·阿戴尔. 决策与问题解决[M]. 林颖译. 上海：上海人民出版社，2006：40.

二、学习活动的设计策略

关于学习任务的安排顺序,一个是遵循从低阶到高阶的顺序,也就是按照顺序呈现的原则。首先要掌握相关的事实、概念、原理、规则,再设计可以运用规则的问题解决任务。另一种方式是通过各种学习活动来设计问题,让学习者在解决问题的过程中获得相关的核心概念和问题图式,掌握问题解决的基本规则。Mayer 和 Moreno 曾指出[1],先让学习者学习一个系统中各部分内容(概念模型),再学习系统是如何工作的(一个因果或功能模型),这样的学习顺序能使学习更好地进行迁移。也有研究发现先呈现孤立的片断再把它们联系起来,要比同时呈现所有片断的学习效果好。不管采取哪种排序方式,都需要在设计时考虑一些通用的设计原则。

(一)学习活动的设计原则

在线课程的设计既要专注学习内容的设计与安排,也要强调学习活动的配合。在线学习活动策略要考虑到学习者的个人自主学习需要,也要考虑能够帮助学习者开展协作,有助于学习者在在线学习社区中完成知识、技能和情感的成长。具体讲,学习活动设计可以考虑参与性策略、互助性策略、存在性策略、成长性策略等。

1. 参与性策略

最重要的设计准则就是要给学习者提供大量机会,让学习者对涉及的主题进行加工和反思,然后使学习者能够收到对材料理解的反馈。在设计上要选择与教学内容相关,同时能够解决误解和促进综合的问题。学习者的积极参与是在线课程获得成功的保证,也是判断学习者是否有效完成学习任务的重要依据。在线课程的参与性设计可以考虑以下两点。

1) 参与的自主性

参与首先意味着能够满足学习者多样化的学习需求,并且使学习者能够在较短时间内迅速找到自己想学习的板块及课程。对学习者自主模块的设计要考虑学习者的个性化学习特征,个性化学习的目的是给学生更多的学习自主权,增加学习动机和参加

---

[1] Mayer,R.E., &Moreno,R.(2003).Nine ways to reduce cognitive load in multimedia learning. Educational Psychologist,38,43-52.

度。① 从表面上看,"个人"这个词可能意味着一种孤独的体验,但有效的个性化学习方法,可以促进学生和老师之间的持续对话,为双方提供需要进一步关注的重要见解。以 FutureLearn 平台为例,在课程设计中,一般会在每个视频下面加上一段关于视频中主要内容的文字介绍,以满足喜欢阅读方式的学习者的需求。另外,在设置讨论问题时,应更多考虑学习者的个人经验分享,也是体现个性参与的重要方式。

2) 提高参与的便利性

参与的便利性针对在技术层面的设计,体现在要更多地考虑用户的使用习惯和便于参与。随着使用手机进行移动学习的用户越来越多,设计方便手机版进行讨论和交流的界面是在线课程设计的关键策略。另外,便于参与还需要考虑参与的时长,采用手机学习的用户可能不方便长时间完成一个测试或者问卷。在视频或者阅读文章中增加批注或评阅,也是鼓励参与的好办法。如 FutureLearn 在课程视频页面下方有一个红色的小按钮,用来打开讨论区,不需跳转页面就能随时参与课程讨论。

2. 互助性策略

嵌入社会媒体并充分利用它们开展互动是现有在线课程平台常见的功能。这些社会媒体技术有助于加强经验性学习、发展交流能力、提升创造力、培养批判性思维以及改善教师和学生之间的交互。有证据表明,学生们通过发帖和浏览内容的方式参与了群体知识建构。② 通过知识共享,学生可以深化对特定主题的理解。目前,很多在线课程都会鼓励学习者建立自由的学习共同体,以小组的形式互相学习,共同完成学习任务,通过讨论、同伴互助等方式来获得更好的学习效果。在线课程的互助性策略可以考虑以下两点。

1) 设置灵活的讨论

人们一起学习时往往会取得更好的学习效果。有效的讨论可以帮助学习者更好地参与,提供适量的主题讨论有助于确保讨论主题的质量。如 FutureLearn 的课程中的讨论非常方便,不设立单独的讨论小组,学习内容和对话始终放在一起。学习者可以

---

① Johnson, L., Adams Becker, S., Cummins, M., Estrada, V., Freeman, A., and Hall, C. (2016). NMC Horizon Report: 2016.
Higher Education Edition[DB/OL]. http://cdn.nmc.org/media/2016-nmc-horizon-report-he-EN.pdf.
② 金慧. 基于社会媒体的群体知识建构方式的研究——以班级微群为例[J]. 现代远距离教育, 2014(3): 26-30.

在网页上每节内容的旁边进行对话,对话与内容在同一页上,而不是在其他看不到的位置。①此外,主题讨论的内容应当贴近学习者的现实生活,并采用幽默风趣的方式描述,从而引发学习者的兴趣,提升讨论活动的参与度。

2) 提供互助的机会

学习者非常有兴趣了解和自己共同学习的人员,也很希望了解他人遇到的问题是否和自己相同。除了帮助学习者可以自由交流讨论的平台之外,还可以考虑为每位学习者建立档案,用户可以访问他人档案。如 FutureLearn 中可以点击"Follow"关注感兴趣的人,接收对方的动态,在课程讨论中还可以为喜欢的发言点"赞",这些基于社交网站运作的理念能有效促进共同体的学习。另外 FutureLearn 还引入了社交网络的结构,可以在大规模社区内创建自己的小社区,这些都有助于学习者之间有针对性地互相帮助。

3. 存在性策略

根据加里森的探究社区理论,一个好的在线学习社区应该能够设计三种存在:教学性存在、社会性存在和认知性存在。②认知性存在是指学习者在学习社区中通过不断反思和对话来构建意义的程度,也是完成探究和高级学习的条件。社会性存在是参与者在学习社区中,通过利用通信媒体在社交和情感方面表现自己的能力。而一个好的学习社区,应该能够通过对认知过程和社交过程进行的设计、促进和指导,以实现富有个人意义和教育价值的学习成果,这就是教学性存在。其中社会性存在意味着在交互过程中感知到他人对自己的认可程度。加里森通过实践证明了社会性存在在探究学习社区中的重要作用。哈克曼和沃克发现微笑、表扬、使用幽默语言、鼓励反馈等社会性行为,可以提高学习者满意度,有助于拉近学习者之间的心理距离,能够减少学习者的孤独感。③皮克阿那研究发现,社会性存在与交互、学习效果有密切

---

① 金慧,刘迪,李艳. 打造社交型高质量慕课平台——访英国 FutureLearn 公司总裁西蒙·尼尔森[J]. 世界教育信息,2015(1):9-11.

② Garrison, R.D. (2003). Self-directed learning and distance education. In M.G. Moore & W.G. Anderson (Eds.), Handbook of distance education (pp. 161–168). Mahwah, NJ: Lawrence Erlbaum.

③ Hackman, M. Z. and Walker, K. B. Instructional communication in the televised classroom: The effects of system design and teacher immediacy on student learning and satisfaction [J]. Communication Education, 1990, (39):196-206

关系。①

提高社会性存在关键在于创建和培养学生的"社区感",使学生参与到交互和反思中。社会性存在的第一种表现是感知他人存在,能够感觉到和他人共处同一个虚拟空间并获得他人的认同。第二层次的社会性存在表现在,在这个空间可以进行情感的交流,表达对问题的看法和观点。如果能够无风险表达并开始形成稳定的有凝聚力的实践或者学习共同体,则是高层次的社会性存在。

提高学习者在线学习环境中的存在感的策略可以考虑下面两点。

1) 增加安全感

开放在线课程的学习者人数较多,既要考虑学习者的参与度,也要考虑参与的学习者能够有存在感,并感觉可以安全地表达观点,因此,一个良好的交互氛围至关重要。以论坛为例,可以在课程要求中设置发帖说明,保证帖子的质量和有序,为学习者创设良好的学习环境。

2) 提高被关注度

来自教学团队或者其他学习者的关注可以增加学习者的参与意识和提高参与的质量。教学团队的认真回复和反馈、他人的回复和点赞都可以让学习者获得更好的存在体验。另外,教学团队鼓励学习者之间的同伴互答、提供解决问题的策略和方法、对优秀学习者予以好评等方式都是可以参考的设计策略。

4. 成长性策略

现有的在线课程往往因为学习者主要进行表层的、传输型的学习而受到诟病,如何能促进学习者探究、加深学习者对知识的深度学习也是课程设计需要思考的要素。深度学习可以理解为能激发学生的批判性思维、解决问题、协作和自我导向的学习。深度学习也是具有更加积极学习体验的学习。深度学习的目标是从死记硬背的学习转变为培养学生真正的好奇心,使他们有兴趣对主题进行进一步探索。②

在课程设计时要考虑如何促进学习者的深度学习,促进个人知识、技能和情感成长的策略包括以下三点。

---

① Picciano, A. Beyond student perceptions: Issues of interaction, presence, and performance in an online course [J]. Journal of Asynchronous Learning Networks ,2002,6(1):21-40
② 金慧,刘迪等. 新媒体联盟《地平线报告》(2016 高等教育版)解读与启示[J]. 远程教育杂志,2016,12:3-10.

1) 合理设计问题

在线课程中的问题设计非常重要，也是帮助学习者了解自身学习进展的重要评估手段。好的问题应该难度适中，问题太难会导致学习者失去学习兴趣，太简单会使学习者轻视后面的学习内容。另外，问题设置要有阶梯性，并与最近的视频或者阅读文献匹配，最好逐层深入、由表及里、由浅入深，引导学生深入思考。在提出问题的同时，给予一些解决的线索，给予学习者一定的提示。

2) 利用学习过程的数据分析

很多在线课程平台都具有对学习过程进行分析的功能，如果能够为学习者提供自身学习过程数据并合理设计，例如将课程结构以知识网络的方式呈现出来，并标出学习者的学习轨迹，可以成为学习者成长的重要依据。设计时可以在学习进程页面显示已完成的课程、总体得分以及与其他用户互动的活跃程度，也可以将章节内容以时间线的形式呈现，将学习者完成的学习内容和需要学习的内容以不同颜色标出，以记录学习进度，并提醒学习者及时学习新的内容。

3) 及时的学习反馈

在线课程学习中最常见的反馈是作业或测试。在线课程设计要考虑能给予及时、明确和方便的反馈，如学习者在回答测试问题后就会收到反馈意见和提示信息，回答正确的测试可以看到点评，如果打错了系统会给出提示性内容，帮助学习者发现学习中的问题。

(二)学习活动的排列顺序

一个单元内的学习是由一系列学习活动或者教学活动组成的，这些活动是完成学习任务的各种学习行为的集合。排序的结果就是呈现给学习者的学习内容顺序或者学习任务的排列。

1. 微观学习活动的排序

微观学习活动的排序模式可以是基于核心知识的、基于技能的或者基于问题的组织模式。每个模式可适用于不同的学习类型，获得不同学习经验。课程设计者应根据活动的属性、知识的类型、课程需要达到的学习目标、学习者需求等内容，选择适合的互动排列模式。

1) 基于核心知识的活动模式

基于知识结构的活动模式对活动的设定主要是围绕基本概念、主题和原理进行，更关注课程中的知识要素，这些知识要素构成了学科的本质结构，学习者通过对基本概念的理解和核心要素的学习，可以形成获得具体事实和应用知识的能力，拓展相关知识体系和技能。

该模式步骤是先提炼课程中的核心概念、原理等，由此确定主题。这些核心要素也就是每个活动的目标框架。活动的主要目的就是解释核心要素的具体内容，评估内容以判断学习者是否掌握了核心概念和原理为主。该模式的优点是课程的知识体系比较完备，缺点是课程内容比较固定，不能顾及学习者的差异。

2) 基于先决技能的活动模式

基于技能的活动模式更强调学习者学习的过程，而不是学科知识的组织形式。该模式的基本假设是学习中最重要的决定性要素是拥有必要的先前技能。对学习者所需先前技能的持续回答构成了学习的层级结构，由此得出活动的基本组织框架。学习中最重要的决定性要素是拥有必要的先决技能，教学内容需要包含学习要达到最终目标过程中所必须掌握的全部目标。

该模式采用的学习分析方法是层级分析法，要求每一个学习目标都是建立在前面的先决技能的基础上，学习者从最低的技能开始向上发展，通过完成各个步骤的学习目标，最终达到学习序列中的最终目标。活动设计的要点在于首先确定学习者学完后应该具有的技能，明确学习目标，对目标中所需技能进行分解直到最低技能，再按照从低到高的顺序排列学习序列，设计每一环节需要掌握的知识点。该模式的优点是能够考虑学习者的学习状态，确保所需技能的掌握，缺点是可能出现知识结构上的盲点。

3) 基于问题的活动模式

与围绕基本学科结构组织课程和围绕所需先前技能组织课程不同，基于问题的活动模式是围绕学习者的学习活动来组织学习序列。基于问题的学习活动设计受杜威的影响，强调学习过程是经验的获得和共享，以某个问题或话题展开学习，通过解决问题研究观点和获得经验。该组织形式在原则上不遵从任何特定的排序原则，活动围绕学生的活动而组织，课程的序列应该允许学生随着自己项目工作的进展，来学习日益复杂的知识和技能。[①]

---

① George J. Posner. 课程分析[M]. 仇光鹏, 等译. 上海：华东师范大学出版社, 2007：167-192.

模式的优点在于学生参与到真实情境中，以解决真实任务或问题为主要目标，缺点是不能为学习者提供系统的知识结构和技能训练。对学习任务的分析，可以根据项目或者问题解决的需求，采用任务分析法将复杂任务或问题逐步分解，确定需要解决的下一级任务，再明确完成该任务所需的知识和技能，以及完成该任务需要开展的学习活动，最终确定在线的学习任务序列。

2. 知识点学习活动的排序

以上三种模式是相对宏观的活动序列，对于一个知识点的学习内容序列，可以是推理(解释现象或例子的理论)、介绍(和理论相关的现象或例子)、检验假设(从理论到假设到证据)、从问题到解决方案、从因到果、从概念到应用、从熟悉到不熟悉的事物、从辩论到找出解决方法、事件列表(故事或者过程)等。①

一个探究性学习模式中的某个知识点的活动设计序列可以是：

- 引入主题或者某一问题(阅读案例、视频、文章等)；
- 开展讨论和头脑风暴(在线讨论，可以是分组，同步或者异步)；
- 确定具体的小组任务(可以是提交报告，或者在线讨论，小组展示需要解决的问题和要进行的工作)；
- 解决问题(可以是讨论、Wiki 等，在线问题提示或者帮助)；
- 展示成果或者方案(在线展示，提交文章、视频、作品等)；
- 总结(可以是教师总结视频、提供理论文章)。

学习活动的设计模版可以参考表 8-4 所示。

表 8-4 某一单元学习活动设计样例

活动序号	活动类型	主要内容	参与人员	成果(结果)	活动规范
1.1.1	观看视频		个体		
1.1.2	参与讨论		小组		
1.1.3	阅读文章		个体		
……					

---

① Linda B Nilson.最佳教学模式的选择与过程控制(第 3 版)[M]. 魏清华, 等译. 广州：华南理工大学出版社，2014：115.

第九章 在线学习的实施

随着技术和教育的深度融合,未来的教学会更多地借助各类在线学习平台和在线学习资源开展混合式学习。更多的学习者和教育者将在线学习与面对面学习相融合,整合在线和面对面学习环境,创建连贯的学习经验,为学习者提供灵活的学习支持。[①]美国新媒体联盟连续近5年发布的"新媒体联盟地平线报告"中,混合式学习设计连续5年被提及,是趋势列表的最高点。目前,高校对混合式学习的认识程度和使用率逐渐上升,其灵活性、便利性以及先进多媒体和技术的融合,对学生的创造性思维、独立研究能力以及根据自身需求定制学习体验的能力培养有所帮助。[②]高等教育机构正在加大这些数字环境的创新力度,学习分析、适应性学习和前沿的异步和同步工具组合的进展将继续推进混合式学习的状态,并保持其吸引力。本书关于在线学习的实施主要是探讨混合式学习在高等教育中的多种形式以及可以促进独立学习和相互协作,提供更为有效的实施混合式学习的策略。本章将重点介绍混合式学习的相关理论,包括混合式学习的定义、混合式学习要素、混合式学习模型等;还将介绍如何设计混合式学习的实施方案。

一、混合式学习概述

混合式学习是一个概括性术语,最广义的理解可以涵盖所有可以把面授教学和基于计算机的学习结合在一起的教学形式。随着在线学习技术的发展,混合式学习虽然更多以面授方式和在线方式的结合为主,也强调基于能力的学习、个性化学习等要素。随着技术深度介入,混合式学习将更为普及,但混合的方式、方法、技术、策略也将更为复杂,对其概念、要素和模型的界定有助于我们设计和实施混合式学习方案。

---

① 金慧,刘迪等. 新媒体联盟《地平线报告》(2016 高等教育版)解读与启示[J]. 远程教育杂志,2016(12): 3-10.
② 金慧,胡盈滢,宋蕾. 技术促进教育创新——新媒体联盟《地平线报告》(2017 高等教育版)解读[J]. 远程教育杂志,2017,35(2): 3-8.

(一)概念界定

混合式学习是在企业培训的实践中发展起来的，2003年，美国培训与开发协会(American Society for Training and Development，ASTD)指出混合式学习是知识型产业十大趋势之一。[1]混合式学习的概念最早来自企业培训领域，强调应用技术混合的结果是获得最优化的学习效果。比如Singh和Reed在2001年提出，混合式学习是一种"在适当时间，通过应用适当学习技术与适当学习风格相契合，对适当的学习者传递适当的能力，从而取得最优化的学习效果的学习方式。"[2]早期的混合式学习概念几乎可以是任何技术、教学法、甚至是学习任务的整合。[3]培训公司(EPIG Learning)2003年发布的白皮书中引用Elliot Masie的观点："混合式学习采用两种或两种以上不同的培训方法，这可能包括：课堂教学混合在线教学，在线教学混合教辅人员的指导，计算机模拟混合结构化课程，现场培训混合自带食品的非正式培训，培训经理的指导混合网络学习活动。"[4] Dziuban等人认为混合式学习："应该被看作是一种教学方法，该方法把课堂的有效性和社会化的机会与在线环境中技术增强的主动学习的可能性相结合，而不是传输形式的混合。"[5] Sharpe等在大量文献研究的基础上，确定了混合式学习的五个属性：扩大参与性、强化学习、供应的灵活性、采取电子化学习和计算机辅助评估。[6]

早期的定义确定了混合式学习的两个特点，第一是混合式学习并不是单纯指学生

---

[1] Rooney, J. E. (2003). Blending learning opportunities to enhance educational programming and meetings. Association Management, 55(5), 26-32.

[2] Singh H, Reed C. A White Paper: Achieving Success with Blended Learning[J]. Centra Software Retrieved, 2001, 12(March):206-207.

[3] Driscoll, M. (2003). "Blended Learning: Let's get Beyond the Hype." IBM Global Services. http://www-07.ibm.com/services/pdf/blended_learning.pdf.

[4] Clark, D. (2003). Blended Learning: An EPIC White Paper. [DB/OL]．http://www.scribd.com/doc/84278560/Clark‐D‐Blended‐Learning.

[5] Dziuban C., Hartman J. and Moskal P. (2004) "Blended Learning" EDUCAUSE, vol 2004, issue 7 http://net.educause.edu/ir/library/pdf/ERB0407.pdf.

[6] Sharpe R, Benfield G, Roberts G. The undergraduate experience of blended e-learning: a review of UK literature and practice[J]. Retrieved on of November from www.heacademy.ac.uk, 2006.

的学习活动，更是一种教学方法。①第二，虽然对混合式学习的要素没有明确说明，可以是技术、教学方法、学习任务的混合，但在一个混合式学习的案例中往往涉及两个主要要素，比如面授和在线学习两种学习环境的混合。

2006年之后，混合式学习在高等教育领域得到普遍认同，对概念的界定也相对更清晰。Graham等学者编撰的第一本混合式学习手册中的定义被普遍接受，即混合式学习系统是面对面教学与计算机为媒介的(computer mediated)教学的整合。②该定义强调混合式学习整合了长久以来一直分离的面对面教学模式和分布式学习模式，明确了基于计算机技术的核心成分。

后期混合式学习的概念进一步明确了技术为媒介的学习主要指在线学习，比如Garrison和Vaughan强化了整合两种学习环境中不同学习体验的观念，指出混合式学习是课堂教学与在线学习体验(online learning)的整合，指出口头交流和书面交流形式的整合可以更好地实现教育目标。③Stacey和Gerbic进一步指出，混合式学习是位于完全在线学习和完全面对面教学之间的连续体中。④这一定义能将混合式学习与远程学习(distance learning)或传统的课堂教学区分开来。⑤虽然对混合式学习的两个要素也有多种解释，但在设计混合式学习时，需要重点考虑的是学习的灵活性和学习的质量之间的平衡，这也是确定如何混合的关键。

(二)混合式学习要素

混合式学习到底要混合哪些要素呢？早期的混合式学习的定义非常宽泛，既涉及不同教学传输形式的结合，也涉及不同教学方法的结合，很难界定其要素。比如早期

---

① Oliver M, Trigwell K. Can 'blended learning' be redeemed[J]. E-learning, 2005, 2(1):17-26.
② Graham, C.R. (2006). Blended learning systems: Definition, current trends, and future directions. In C.J. Bonk & C.R. Graham (Eds.), The handbook of blended learning: Global perspectives, local designs (pp. 4-5). San Francisco: Jossey Bass/Pfeiffer.
③ Garrison D R, N. D. Vaughan. Blended learning in higher education: Framework, principles, and guidelines[J]. Academy of Management Learning & Education, 2008, 7(1):135-137.
④ Stacey, E. & Gerbic, P. (2009). Effective Blended Learning Practices: Evidence-Based Perspectives in ICT-Facilitated Education. In: Introduction to Blended Learning Practices. Hershey NY: IGI Global.
⑤ Graham, C. R. (2013). Emerging practice and research in blended learning. In M. G. Moore (Ed.), Handbook of distance education (3rd ed., pp. 333–350). New York, NY: Routledge.

研究学者 Driscoll 认为混合学习的学习过程可以是网络技术的混合、多种教学方式和教学技术的混合、教学技术与面对面教学方式的混合、教学技术与工作任务的结合等多种方式。[①] Holden 提出混合式学习的要素分为学习环境、教学和媒体，并且这三个要素相互影响：媒体的选择不仅仅取决于媒体的属性，也取决于它们对教学要素和学习环境的影响。[②] Oliver 和 Trigwell 从当时各种混合式学习的定义分析入手，讨论了定义中存在的几种混合的状态：在线学习和面对面教学、媒体的混合、情境的混合、学习理论的混合、学习目标的混合，教学法的混合，并指出这些维度都有其片面性，加大了对混合式学习概念理解的难度，也很少从学生的角度考虑。[③]混合式学习强调了设计各种可能产生学习体验的可能性，这种颠覆性的概念将重点从教师转移到学生、从内容转到经验、从单纯的概念化技术转到教学法，这样的重新解释对理解混合式学习非常有意义。

随着定义的明确，混合式学习特指面对面教学和在线学习的结合，对其要素的界定也更为清晰。Christensen, Horn and Staker 指出，混合式学习至少需要以下三个条件：是一个正式的教育项目，至少包括一部分由学生控制的时间、地点、路径或步调等要素的在线学习；至少包括一部分有指导的实体环境的教学；每个学生在一个课程或主题中的学习路径由所提供的整合的学习经验连接而成。[④]在此基础上，Jessica K. Beaver 等人总结出混合式学习的五大要素：时间、地点、路径、步调和教师参与，各种不同形式的混合式学习，无非是这五种要素的不同方式的结合。[⑤]其中路径表明可

[①] Driscoll, M. Blended learning: Let's get beyond the hype. Learning and Training Innovation[J/OL]. Learning and Training Innovations. Retrieved August 14, 2006, from http://www.Itinewsline.com/Itimagazine/article/articleDe-tail.jsp? id = 11755.

[②] Holden J T, Westfall J L. An Instructional Media Selection Guide for Distance Learning. Fourth Edition.[J]. Online Submission, 2007:36.

[③] Oliver M, Trigwell K. Can 'blended learning' be redeemed[J]. E-learning, 2005, 2(1):17-26.

[④] Christensen, C., Horn, M. B., & Staker, H. (2013). Is K-12 Blended Learning Disruptive: An Introduction to the Theory of Hybrids. Clayton Christensen Institute. Retrieved from:https://www.christenseninstitute.org/wp-content/uploads/2014/06/Is-K-12-blended-learning-disruptive.pdf.

[⑤] Jessica K. Beaver, Ph.D. Brittan Hallar, Ph.D. Lucas Westmaas "BLENDED LEARNING Defining Models and Examining Conditions to Support Implementation" (PDF). Philadelphia Education Research Consortium (PERC). September 2014. Retrieved May 10, 2016.http: http://www.researchforaction.org/wp-content/uploads/2015/11/Blended-Learning-PERC-Research-Brief-September-2014.pdf.

以使用各种教学方法或形式开展学习，包括集体教学、小组合作或使用教学技术和在线平台开展个性化教学。教师参与表明学生由真实教师或虚拟教师教授或者在线学习中获得专业助手的辅助。

Graham 从交互的四个维度界定混合式学习的要素，分别是空间、时间、保真度和人性化(如图 9-1 所示)。[1]随着交互技术的发展，面授学习和在线学习在四个维度上的混合状态将越来越多，比如随着虚拟现实技术、增强现实技术、情感计算、自然语言处理等技术的发展，未来的在线学习环境的保真度和人性化将逐步提高，使学习者获得拟人化的交互体验。

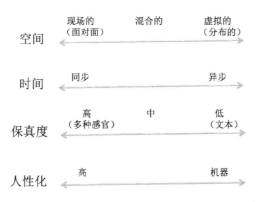

图 9-1　面对面和分布式学习的四个交互维度

Sharpe 等从八个维度界定混合式学习要素：传输、技术、时间、地点、角色、教学法、关注点和指导。[2]

综合起来，各位学者关于混合式学习应该从哪些维度混合并没有统一界定，可以考虑学习环境、教学法、媒体、时间和空间、学习方式等多种要素。随着技术的发展和混合式学习实践积累更为丰富，混合式学习必将更为强调学生的多种学习体验的整合，强调更为优化的学习效果。笔者认为，各个要素代表了不同设计阶段的考量，可

---

[1] Graham, C.R. (2006). Blended learning systems: Definition, current trends, and future directions. In C.J. Bonk & C.R. Graham (Eds.), Handbook of blended learning: Global perspectives, local designs (pp. 3-21). San Francisco, CA: Pfeiffer.

[2] Sharpe R, Benfield G, Roberts G. The undergraduate experience of blended e-learning: a review of UK literature and practice[J]. Retrieved on of November from www.heacademy.ac.uk, 2006.

以分层次加以混合。比如，在设计之初，首先考虑面对面和在线学习两种学习方式的整合，根据课程的学习目标，界定需要混合的学习模式，包括内容的确定、媒体的选择、评估方式、学习环境的确定、采取的具体学习或者教学策略、教师的指导或者参与方式等要素，在之后的一节中将重点介绍混合的模式。

(三)混合式学习模式

混合式学习模式中教师和学生承担了不同的责任，力求充分发挥课堂教学和在线学习双方面的优势，弥补原有单纯模式中的不足，以帮助学习者获得最佳学习体验。根据在线学习和面对面授课的连续体中的位置和交互方式，混合式学习模式也有多种变化，本节总结了一些学者对模型的分类。

1. Christensen 等人的总结

Christensen 等人在创新理论的基础上，归纳了持续型混合式学习和颠覆型混合式学习。持续模型是发明一种混合解决方案，将在线学习和传统课堂的优势相结合，以获得"两全其美"的选择。颠覆模型是将在线学习设计成新模式，脱离传统课堂和最初的目标人群，这些人更能认识到新技术的可定制性、负担得起和方便性等价值。[①] 按照 Christensen 等人的观点，主要的混合式学习模式可分为 4 类(如图 9-2 所示)。

1) 翻转模式

翻转模式是指在指定的课程或主题中，学生在一个固定的进度表中翻转或者老师在多个学习模式间灵活选择，其中至少有一种形式是在线学习，其他形式可能包括小组或班级教学、集体项目、个别辅导、当堂测试等活动。翻转模式包括 4 个子模型：教室翻转、实验室翻转、翻转课堂和个人翻转。

教室转换是指学生在一个固定的教室内完成面对面教学和在线学习的转换，学生在教室内按照固定的进度表进行在线学习和教师开展的小组教学。实验室翻转是传统教室的教学活动和在线学习的实验探究活动的混合，它利用在线学习的创新性来帮助传统课堂更好地满足学习需要。翻转课堂是课堂面对面授课与课堂外在线学习的混

---

① Christensen, C., Horn, M. B., & Staker, H. (2013). Is K-12 Blended Learning Disruptive: An Introduction to the Theory of Hybrids. Clayton Christensen Institute. Retrieved from:https://www.christenseninstitute.org/wp-content/uploads/2014/06/Is-K-12-blended-learning-disruptive.pdf.

合。个人翻转模型不同于其他模型，因为每个学生本质上都有一个个性化的播放列表，不需要在每个可以获得的形式间转换。

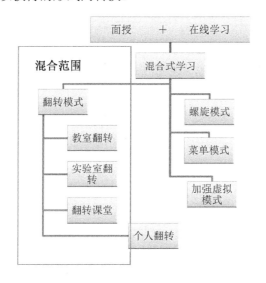

图 9-2　混合式学习的四种模式

2) 螺旋模式

螺旋模式以在线学习为主，有时候会有一些线下活动。学生按照个人定制的学习进程开展在线学习。教师在现场记录或根据需要提供灵活的面对面支持，这些支持包括小组教学、集体教学和个人辅导。螺旋模式对学生没有年龄限制，因为每个人都是以自己的速度和时间表进行课程和模块学习。

3) 菜单模式

菜单模式中学生除了完成学校的教育课程之外，完全在线学习一门或多门课程，是对传统课程的彻底颠覆。

4) 加强虚拟模式

加强虚拟模式中学生获得完整的课程经验，但很少去学校，主要使用在线的内容和教学。

以上模式中，教室翻转、实验室翻转、翻转课堂属于持续型混合式学习，都是传统教学和新的学习模式的组合，它保留了或仅略微调整了传统模型中设施、人员和教学情况；主要是为现有学生设计面授的核心课程，仅仅添加一个或多个在线学习环节作为翻转；它保留了传统课堂的工作，规定了学生在教室的时间；通过设计在线学习帮助传统课堂的教学达到设定的目标。

个人翻转、螺旋模式、菜单模式、加强虚拟模式属于颠覆型混合模式，应用新技术(在线学习)所需的设备、学习进程表、人员等与传统教学模式截然不同；这些模式与传统模式完全不同，不规定学生待在课堂中的时长，允许学生按照自己的节奏确定学习内容；这些模式的优势是允许学生控制时间、路径、步调和场所。这些模式在某种程度上比前三个翻转模型更为简单，网络作为学生学习的主要方式，只要有设备和网络连接，学生就可以获得学习机会。当然，面对面环节中提供指导、支持和促进深入学习的知识应用是非常关键的，但这些模式由学生管理自己的学习。

2. Twigg 等人的分类

Twigg 将混合式学习模式总结为补充型、取代型、商场型、完全在线型、工作坊型、自主型六大类。[①]其主要区别在于混合的比例——有多少教学是通过面对面的课堂实现而又有多少是通过技术的辅助来实现的。

美国杨百翰大学的 Graham 结合 Twigg 提出的六大模型将混合式学习模式归纳为五大类：补充型、取代型、商场型、完全在线型和自主型。[②]

补充型*(The Supplemental Model)*

提供在线补充学习资料，进行在线测试，增加在线活动且在线活动可以通过网络在计算机实验室或学习者家里进行。该模型保留传统的面对面课堂教学且不减少面授课时，简单辅之以基于技术的课外在线学习活动以鼓励学生更多地接触课程内容。

取代型*(The Replacement Model)*

用增加在线互动教学活动的方式来减少课堂面授的时间，在线教学活动可以通过网络在计算机实验室或学习者家里进行。该模型假设某些特定教学活动以个人自主学习或小组协作学习的形式在线完成比在传统课堂上完成效果更好。

商场型*(The Emporium Model)*

取消所有面对面课堂教学，通过以学习资源中心提供在线学习资源并按学习者个

---

① Twigg C A. Improving learning and reducing costs: new models for online learning[J]. Educause Review, 2003, 38(4):6-14.

② Graham, C.R., & Allen, S. (2009). Designing blended learning environments. In P. L. Rogers, G. A. Berg, J.V. Boettcher, C.Howard, L. Justice, & K. Schenk (Eds.), Encyclopedia of Distance Learning (Vol. 2, pp. 562-570). Hershey, PA: IGI Global.

人需求进行个别辅导的方式进行在线教学。该模型下学生在配有电脑等教学设备的实体学习中心在线开展所有教学活动，学习者就像在商场购物一样可以根据自身需求挑选学习资料并决定学习时间和学习进度，而教师为其提供的是精心设计的教学软件以及个性化的在线辅导。该模型的使用对电脑设备及安装这些设备的场所等教学设施提出了更高的要求。

完全在线型*(The Fully Online Model)*

在线进行所有的学习活动，不要求必须面授(只是在必要时辅之以面授)。该模型只要求教师将教学内容制作成多个容量相对较小的课程。基于网络的学习资源主要作为课程的补充资源而不代替课程内容。该模型假设授课教师必须对所有的互动负责——亲自回复每一个提问、评价或讨论。因此教师往往在在线教学和互动中所花的时间比采用传统课堂教学所花的时间多得多。

自助型*(The Buffet Model)*

学习者自己决定学习方式(讲座、在线学习、发现实验室、个人项目或小组活动等)。与上述采用集体授课或统一教学内容的模型不同，该模型非常尊重学习者的个体差异，在教学组织形式上让学习者有了更大的选择权，可为学习者提供灵活的、个性化的学习环境。

3. 小结

以上专家对混合式学习模式的总结，主要关注的是在线学习所占的比例以及技术介入的方式，即体现了在面授学习和混合式学习这个连续体中的具体位置上的差异，也强调了混合式学习希望实现的功能。混合式学习中各个要素的重点可能不同，从学习模式的角度考虑，混合式学习可以是教学内容为主，也可以实践和经验为主。以内容为主的传输包括文档、演讲、程序说明、工作帮助或指导性讨论；以实践和经验为主的传输内容包括操作演练、案例研究、协作小组活动、有指导的问题解决活动。另一个维度的两端代表学习过程的控制，有指导的控制是指由教师为学习者选择和传输学习事件和信息；学习者自导模式是由学习者控制学习过程，为确定学习需要和学习路径承担责任，这个模式中学习者主动可从各种资源和活动中进行选择和确定自己的学习方式。

选择哪种方式分类，取决于设计者关注的系统要素，也取决于可以采取混合式学习的环境、技术条件、时间、学习者特征、知识和技能的属性等所处的状态。

二、混合式学习的设计与实施

本书主要探讨的是针对成人的课程设计,目前混合式学习在高等教育和企业培训中的实践极为丰富,各种混合式学习模式都有相应的应用,并被证明取得了不错的效果。本书前面的章节中探讨了在线课程的设计、在线学习活动和学习资源的设计以及在线学习任务的设计,这些内容既适用于完全在线学习模式的实践,也适用于结合在线学习的混合式学习模式的实践。本书的第二章曾介绍了几种主要的在线学习环境的技术特征,包括在线学习管理系统、MOOCs 和使用广泛的社会媒体,这些技术也是实现混合式学习的重要基础。其中,应用广泛的在线学习管理系统不仅可以实现丰富的在线学习功能,随着技术的发展,进行学习分析和监督的功能也更为强大,在高校和企业得到了普遍认可,也培养了大量愿意使用 LMS 开展混合式学习活动的教育工作者。由于 LMS 既可以开展完全的在线学习活动,也可以作为课堂教学的补充或者独立开展探究性学习的场所,对其中学习内容和学习活动的设计可以根据开展混合式学习的目标展开。本章将重点探讨基于 Moodle 的翻转课堂式的混合式学习的设计,该模式并没有打破班级的限制,只是对现有面授学习的改善,属于持续型混合式学习模式。

(一)翻转课堂模式

翻转课堂模式是在教室中面对面授课模式和在线学习的混合,之所以称为翻转课堂(Flipped classroom),是相对传统的课堂教学模式而言的,学习者在课堂外和课堂中的学习活动与传统课堂的任务安排正好相反,故称为翻转课堂。传统课堂以教师在课堂中讲授知识为主,学生在课前预习,在课后通过作业和操作或者实践来完成知识的内化。而在翻转课堂则颠覆了这种传统的模式,学生在课前通过完成教师布置的学习任务独立完成知识的学习,而课堂中教师和学生之间可对在自主学习中遇到的问题进行解答和探讨,通过答疑、师生探讨、学生展示学习作业等方式,实现对知识的进一步理解和掌握。

1. 翻转课堂的要素分析

翻转课堂不仅仅是对传统学习活动顺序的颠覆,其实质是将更多的学习责任转移给学习者,使学生成为知识的主动建构者,教师也不再仅仅是将知识传递给学习者,而是必须更多地考虑如何帮助学习者进行知识的加工和建构，引导学生的深度学习。

在学习环境方面，传统教学模式中的教室是知识传授的主要学习环境，翻转课堂则利用在线学习环境或其他信息技术将学习空间扩展到教室之外，学习者可以随时开始个性化学习，查找相关资料，学习环境可以是任何场所。

学习内容方面，学习内容的呈现方式也更为多样化，尤其是学习者在课前可以通过阅读教师提供的学习资料(比如观看教学视频)的方式进行自学并总结学习中的问题，课堂中学习内容的组织则打破了按照知识点讲解的顺序，而是按照与学习者问题相关的知识展开学习。

学习模式方面，翻转课堂将教学设计从单纯考虑课堂教学的课程设计，扩展到课前的学习资源和学习任务的设计、课中和课后的各种研讨、协作、探究等各种学习模式的设计，提倡学习者的自主学习和学习者之间的合作探究，促进学习者积极主动地学习。

评估方式方面，学习者需要在课前完成相关的学习任务，在课中积极参与协作探究过程，课后可能还需要完成更为复杂的学习任务，这样对学习者的评估将更注重过程评估，而不仅仅是完成作业的准确率。

教师的指导和参与方式方面，翻转课堂中的教师是学习的设计者和指导者，但不再是学习活动的主要承担者，要重点放在帮助学习者吸收内化知识、指导学习者间的互助学习和为学习者答疑解惑。

2. 翻转课堂模型

较有代表性的翻转课堂模型有太极环型模式、环形翻转课堂四阶段模型、Robert Talbert 的翻转课堂教学模型等。所有模式的共同特点是将学习过程分为两个阶段：学习者的自主学习阶段和教师引导的课堂教学阶段。

美国富兰克林学院 Robert Talbert 的翻转课堂教学模型概括了翻转课堂中最基本的要素：观看教学视频、课前练习、快速评估、解决问题、总结反馈。

Robert 的模式结构简单易懂，很多研究者在其基础上进行了细化设计。比如钟晓流等提出的"太极环型模式"包括四个阶段：教学准备、记忆理解、应用分析和综合评析。[①]在教学准备阶段，教师需要在开课前完成对教学目标、对象和教学内容的分

---

① 钟晓流，宋述强，焦丽珍. 信息化环境中基于翻转课堂理念的教学设计研究[J]. 开放教育研究，2013，1(19)：62-63.

析，结合教学工具，完成课程内容(PPT 课件、教学视频、测试题库等)、教学活动(主题任务、分组机制、活动指南、评价量规等)的设计和制作。记忆理解阶段由学习者自主学习，要能够从事实、方法、原理三个层面完成知识的内化。在应用分析阶段，学习者通过独立学习、协作学习等方式(作业练习、小组项目、反思总结等)对习得的知识进行分析，并在新的环境下进行应用。在综合评析阶段，在教师的引导下，师生在该阶段对学习过程和结果进行交流和评价(通过个人讲述、学习汇报、自我评价、小组互评等)，并为教师下一次的教学准备做参考。

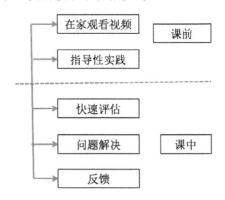

图 9-3 Robert Talbert 的翻转课堂的结构[①]

环形翻转课堂四阶段模型由杰姬·格斯丁(Jackie Gerstein)于 2011 年提出，该模式将翻转课堂划分为四个阶段：即体验式参与、概念探索、意义建构及展示和应用。[②] 体验式参与是在教师的建议下，学习者开展一些体验式活动，比如游戏、模拟、实验、项目、艺术活动等；概念探究是在教师引导下学习，学习资源可以是视频课程、音频课程、在线课程等；意义建构是学习者通过博客、社交网络、测试形成对知识的理解；展示应用是学习者展示个性化的研究成果。相比"太极环型模式"，环形模型更强调知识内化的过程，尤其强调学习者对知识的建构和反馈。

3. 翻转课堂的学习活动设计

Moodle 可以提供的学习功能有各类资源和信息、小组或者班级讨论、在线评

---

① Talbert, Robert (2012) "Inverted Classroom," Colleagues: Vol. 9：Iss. 1，Article 7. Available at: http://scholarworks.gvsu.edu/colleagues/vol9/iss1/7.
② 宋艳玲，孟昭，闫雅娟. 从认知负荷视角探究翻转课堂——兼及翻转课堂的典型模式分析[J]. 远程教育杂志，2004，1：110-111.

估、个性化指导、实时演讲或会议等，这些功能可以为混合式学习提供的技术支持如表 9-1 所示。附录 2 列出了基于 Moodle 了的混合式学习课程的学习任务和评估的设计内容。

表 9-1 Moodle 可以提供的混合式学习功能模块

	在线环境	面对面环境
布置任务	学习管理系统或 email 推送电子任务单	纸质任务单或面授
自主学习材料	在线内容，电子资源	文章，教材和参考书，工作帮助
解决问题	email，FAQ，即时讯息	研讨
举证	网络会议，在线模拟	课堂教学
实践	在线模拟	工作任务手册
反馈	email	研讨，纸质报告
总结	email，在线会议	传统教室
评估	网络测试	纸质测试

(二)翻转课堂的设计案例

《企业培训与开发》是教育技术学专业本科 2 年级的必修课程，在以前的教学中一直是以教师讲解之后学生对相关内容进行实践的方式教学，本次在其中的两个章节开展翻转课堂，历时 4 周，教学内容也根据教学过程进行了适当调整。本案例选取了教学中的重点也是难点内容："教学设计学习理论"和"培训需求分析"，这两部分内容需要学习者结合实际，深入理解、灵活运用，比较适合选用翻转课堂教学模式。

1. 课程活动设计框架

课程学习活动的结构为：(课前)了解学习任务、根据材料进行自主学习、完成课前练习、借助网络平台进行提问和讨论；(课中)教师针对资料和学习者的问题进行补充和讨论、独立研究/协作学习、交流汇报；(课后)反馈评价，如图 9-4 所示。本课程每周一节课，每一节内容结束之后，教师会告知下一节的学习内容。学习者将在这一周内观看教学视频或教材进行自学、提出问题、完成课前练习。

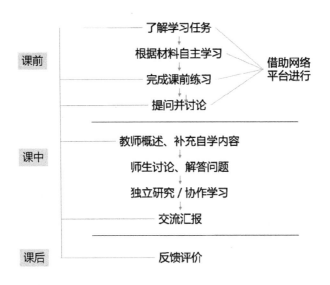

图 9-4 《企业培训课程的设计与开发》翻转课堂的结构

2. 具体设计内容

本案例使用 Moodle 作为网络平台，教师可以建立任务列表、上传资料，并与学生进行实时交互，共分为五个阶段。

1) 课前：了解学习任务

在本课程开始的前一节课上，教师将会分发给学习者一份学习任务表，并将学习任务上传至 Moodle 上，具体内容见附录 3 中的表 1。

2) 课前：自主学习

该阶段为学习者的自主学习阶段，他们将要完成三项任务：观看教学视频，完成课前练习；每人提出 3 个问题，并在在线论坛中讨论，最后筛选出个人无法回答的提问，完成问题表(模板见表 9-2)；完成作业"成人受训者行为评估表"和"学习者行为描述表"(见附录 3)，并填写"合作表"(表 9-3)以记录小组分工。

该阶段教师的任务是：查看学习者上传的课前练习答案、提问、协作学习的成果，考查学习者自主学习的效果，从中找出较具代表性的问题，以便在课中进行讲解和补充。

3) 课中：讲解与讨论

课中，教师将根据课前对学习者学习情况的整理，对该部分的知识要点进行讲解和补充，引导学习者一起探讨解答他们的提问，最后针对协作学习的任务进行讲解和评价，供小组课后修改作参考。

表 9-2　问题表模版

《教学设计的学习理论》问题表

时间：2015 年	姓名：（　　　）
小组问题：	
1)	
2)	
3)	
……	
我的解答：	
1)	
2)	
3)	
……	

表 9-3　《教学设计的学习理论》合作表

《教学设计的学习理论》合作表

时间：		姓名：（　　　）	
组长：			
组员：			
	小组分工	负责人员	评价(100 分制)
1			
2			
3			
……			

4) 课后：小组讨论和成果修改

课后，各小组将根据上课讲解的内容，对组内每个成员的提问再一次进行讨论和筛选，最终选出具有代表性的问题供上课讨论。每个小组也将完成对相关作业的修改，并上传至 Moodle 中的相应位置。

此阶段教师的任务是查看小组筛选出的提问和修改的协作学习成果，根据学习者的学习效果，调整下一次课上将要讲解的内容。

5) 课中：再次讲解与讨论

本章节的第二节课中，教师将根据小组提问再一次对知识内容进行讲解，并组织讨论，解决学习者的提问。

6) 反馈评价

最后，学习者将填写针对本章节的翻转课堂教学的问卷调查，来考察本章节翻转课堂设计的效果。

附录1　课程规划案例

附录1-1　《Big Data：MathematicalModelling》课程规划内容展示

课程名称

Future Learn

Categories　Courses　Programs　Degrees

ONLINE COURSE

Big Data: Mathematical Modelling

Learn how to apply selected mathematical modelling methods to analyse big data in this free online course.

课程的简短描述

Learn how mathematics underpins big data analysis and develop your skills.

Mathematics is everywhere, and with the rise of big data it becomes a useful tool when extracting information and analysing large datasets. We begin by explaining how maths underpins many of the tools that are used to manage and analyse big data. We show how very different applied problems can have common mathematical aims, and therefore can be addressed using similar mathematical tools. We then introduce three such tools, based on a linear algebra framework: eigenvalues and eigenvectors for ranking; graph Laplacian for clustering; and singular value decomposition for data compression.

课程持续时间(周次和每周需要的时长)

Duration　　3 hours　　FREE　　Upgrade
3 weeks　　per week　　online course　　available

目标人群(学历水平、先前经验、前导课程等)

Who is the course for?

This course is designed for anyone looking to add mathematical methods for data analytics to their skill set. We provide a multi-layered approach, so you can learn about the methods even if you don't have a strong maths background, but we provide further information for those with a sound knowledge of undergraduate mathematics. We will assume basic MATLAB (or other) programming skills for some of the practical exercises.

其他要求(技术要求等)

What software or tools do you need?

MathWorks will provide you with free access to MATLAB Online for the duration of the course so you can complete the programming exercises. Please visit MATLAB Online to ensure your system meets the minimum requirements.

课程框架

What topics will you cover?

- Introduction to key mathematical concepts in big data analytics: eigenvalues and eigenvectors, principal component analysis (PCA), the graph Laplacian, and singular value decomposition (SVD)
- Application of eigenvalues and eigenvectors to investigate prototypical problems of ranking big data
- Application of the graph Laplacian to investigate prototypical problems of clustering big data
- Application of PCA and SVD to investigate prototypical problems of big data compression

学习结果(学习者通过学习本课程获得技能)

What will you achieve?

By the end of the course, you'll be able to...

✓ Identify big data application areas

✓ Explore big data frameworks

✓ Model and analyse data by applying selected techniques

✓ Demonstrate an integrated approach to big data

✓ Develop an awareness of how to participate effectively in a team working with big data experts

评分体系

Certificate of Achievement

Upgrading means you'll receive a Certificate of Achievement when you complete the course.

✓ Prove your success when applying for jobs or courses

✓ Celebrate your hard work

✓ Display on your LinkedIn or CV

To receive a Certificate of Achievement you need to mark 90% of the steps on the course as complete.

附录 2　混合式学习案例

该案例是针对教育技术学本科 3 年级的必修课程《远程教育学》设计的混合式学习，采用 Moodle 构建了在线学习课程。本附录仅介绍教学活动和评估方式的设计。

1. 教学环节、内容及学时分配

教学活动与进度：本课程的教学进度以在线课程平台开放时间为准，要求课前完成相应章节的自学，课后完成相关的在线作业，下次上课时将就重点问题进行讨论。

附表 2-1　《远程教育学》课程规划内容展示

面授课次	主题	课时	组织形式	教学内容和学习活动
1	绪论	2	讲授、讨论	讲授 PPT《1. 导论》，介绍课程，说明课程要求。了解在线课程网站《远程教育学》中的教学大纲和绪论内容。
	基本概念	(2)	在线讨论	阅读在线 PPT《2. 术语辨析》阅读内容，调研远程教育领域的重要术语，并完成在线讨论。
2	历史	2	讲授，自学	讲授 PPT《3. 远程教育的历史和发展》。
		(2)	在线讨论	阅读教材第 1 章，完成在线讨论 Q1 和 Q2。
3	教学系统	2	讲授，自学	讲授 PPT《4. 在线教学系统》。
		(4)	调研和作业	阅读教材，完成在线讨论 Q3、Q4，10 天内完成在线作业 1《comparing and analyzing》。
4	独立学习	2	讲授，自学	讲授 PPT《5. 独立学习理论》，完成相关教材的阅读。
		(2)	在线讨论	阅读 PPT、教材和网上参考资源，完成在线讨论《独立学习》。
5	交互理论	2	讲授，自学	讲授 PPT《6. 交互理论》。
		(4)	调研和作业	阅读教材，10 天内完成在线作业 2《交互设计》。
6	基本理论	2	讲授，研讨	远程教育的基本理论，并布置教材阅读内容第三章、第四章。
		(4)	自主学习，在线讨论	阅读 PPT《7. 远程教育基本理论》，完成在线讨论《Actions》《工业化理论》和在线作业 3《自主学习和学习自主性》。

续表

面授课次	主题	课时	组织形式	教学内容和学习活动
7	媒体	2	讨论	根据教材内容，课堂分组进行主题讨论(p96页)
		(4)	调研和作业	阅读英文材料《新媒体报告》，完成在线讨论《最新技术的发展》。
8	技术发展	2	讲授，调研	讲授PPT《8.技术与学习》，布置在线作业。
		(4)	在线讨论、调研和作业	完成在线讨论《问题汇总》和在线作业4《混合式学习》。
9～11	在线课程设计流程	6	讲授	讲授PPT《9.在线课程设计模式》、PPT《10.在线课程设计的分析阶段》、PPT《11.在线课程设计》。
		(2)	在线讨论	请阅读3个PPT和教材内容，提交在线《思维导图》。
		(4)	自主学习，在线作业	完成在线阅读内容，并完成作业5《网络课程设计分析》。
12～13	在线课程设计理论	4	讲授、调研、实践	讲授PPT《在线课程设计》，分析在线阅读内容，布置课程设计方案+课件制作。
		(2)	在线讨论	学生完成在线讨论《网络课程的界面设计》和《设计学习支持》。
14～15	课程开发	4	讲授	学习PPT《开发者工作》、《MOOC》和《Moodle》。
		(8)	自主学习	完成作业6《Moodle课程设计表》，并在线完成课件的设计方案的讨论和网络课程的初级开发。
16		2	讲授和研讨	讲授PPT《在线教学模式》，讨论PPT《混合式学习》。
		(2)	在线讨论	学生完成在线讨论内容。
17～18		4	展示	展示在线课程开发的思路和成果。
19	评价	2	讲授和讨论	在线课程发展趋势和评价。
20	总结	2	研讨	针对具体在线课程的研讨，并反思本学期的课程学习。上交论文作业。
	面授36学时		自主在线探究实践课时44学时	

2. 考核方式

评价内容主要是学生呈递的报告、小组汇报和反思材料，根据学员各项作业的实效予以评定。

(1) 学习过程评价：平时学习活动的参与(10%)。包括出勤情况和课堂讨论情况。

(2) 学习成果评价。

① 在线讨论和问题回答(10%)，完成每次讨论，根据讨论内容的质量和参与次数进行评定。

② 完成在线作业 1《在线课程平台研究》(5%)、作业 2《交互设计研究》(5%)、作业 3《自主学习和学习自主性》(5%)、作业 4《混合式学习》、作业 5《网络课程设计分析》、作业 6《Moodle 课程设计表》(5%)，每份作业 1000 字左右；

③ 在 Moodle 平台的 test 中，完成一个单元的在线课程设计与开发(30%)。完成相关课件和展示(10%)。

④ 在线课程设计改进方案说明(作业 3)(20%)(3000 字以上)指定日期前上交。参考在线课程网站中的论文模板和优秀案例，自设主题、课程形式、实现技术等。

附录 3　翻转课堂案例

本案例选取《企业培训与开发》的部分相关内容进行翻转教学，本附录主要介绍翻转课堂案例中设计的表格。

1. 教师任务表

用于告知教师需要完成的各项活动。附表 3-1 是本案例中学习内容之一《教学设计的学习理论》的教师任务表。

附表 3-1　《教学设计的学习理论》教师任务表

《教学设计的学习理论》 教师任务表

时间：2015 年

	任　务	要　求	时间
1	进入 Moodle，为本课程创建相应内容。 告知学生下一阶段学习任务。		3/10
2	告知学生进入 Moodle，根据任务清单完成学习任务。	清楚告知学生每一项学习活动流程的要求。	
3	查看学生上传的课前练习答案，找出较有代表性的问题。 查看、引导学生讨论在网上提出的问题。 查看学生的协作学习成果。	根据学生问题和成果，调整课内讲解的内容。	3/16 前
4	根据学生提交的问题表、网上讨论结果，整理具有代表性的问题。		
5	了解学生的学习情况。对视频内容作简要概述和必要的补充。师生共同讨论、解答问题。	补充要点内容，解决具有代表性的问题。	3/17
6	查看小组筛选出的提问和修改的协作学习成果。	根据学生问题和成果，调整课内讲解的内容。	3/17-3/24
7	师生共同讨论、解答问题。		3/24
8	回收成果：问题表、合作表、修改完成的成人受训者行为评估表。		3/31 前
9	完成教师访谈。	旨在总结本阶段翻转课堂的教学模式。	

2. 学生任务表

在本课程开始的前一节课上，教师将会分发给学生一份学习任务表，并将学习任务上传至 Moodle，见附表 3-2。

附表 3-2 《教学设计的学习理论》学生任务表

《教学设计的学习理论》学习任务表

时间：2015 年

一、学习目标：

学习理论是有效培训的基础。员工培训是被培训人的学习过程，了解学习原理，分析人员的心理状况，探索和总结员工学习的特点和规律，并运用到员工培训的实际工作中。

学生应当了解和掌握三个学习理论以及它们在培训中的运用；能将学习理论的内容运用到教学设计中。

二、学习内容：

教学设计的学习理论中最重要的三个理论：成人学习理论、心理学理论、社会学理论。

三、学习任务：

	任 务	时 间
1	观看教学视频，完成课前练习，课前练习提交至"文件"中的"课前练习"文件夹。word 标题：姓名+学号。	3/10-3/16
2	根据教学视频，每人提出 3 个问题，并在"讨论"中讨论。(请记住你的提问，这是作业要上交的哦！)	
3	5 个小组完成探究任务：参考"学习者行为描述表"，以一次成人培训为背景，设计一份"成人受训者行为评估表"。提交至"文件"中的相应文件夹。	
4	课上认真听讲、参与讨论。 各小组将根据上课讲解的内容，对组内每个成员的提问再一次进行讨论和筛选，最终选出具有代表性的问题上传 Tower，供上课讨论。 完成对"成人受训者行为评估表"的修改，并上传至相应文件夹。	3/17-3/24
5	课上认真听讲、参与讨论，解决问题。	3/24
6	本课程结束之后请配合完成一份纸质调查问卷(已发)，交至王舒畅。	3/31
7	本课程结束后，应当上交的成果：问题表、合作表、修改完成的承认受训者行为评估。	

3. 学生问题汇总

针对各小组的讨论，汇总他们的提问，见附表 3-3。

附表 3-3 学生小组问题汇总表

《教学设计的学习理论》小组提问汇总

一、成人学习理论
1. 成人学习理论中的五个假设是充分条件还是必要条件？
2. 为什么"成人是带着问题去学习"的这个角度不能够和认知主义角度结合？
3. 在成人学习理论中，评估受训者的标准中哪一个是最重要的？
4. 在"评估受训者的标准"中，哪几点要素对"演讲式"培训是十分重要的？同时培训还有什么其他方式？需要注意什么？
5. 在评估受训者的标准中，对"控制点"的评估具体怎么操作？
6. 能否具体解释一下成人若对学习缺乏自信，为什么要给出"不断重复培训内容"的对策？
7. 成人受训者的评估是否会有强烈的主观色彩？
8. 成人学习理论中的前提假设"成人可为学习带来更多的与工作有关的经验"与建构主义中"通过创设情境，建立新旧知识的联系"是否存在联系？后者可否服务于前者？
9. 在"评估受训者的标准"中，哪几点要素对"演讲式"培训是十分重要的？同时，培训还有其他什么方式？需要注意什么？
10. 成人学习理论和其他两个理论的联系与共性？

二、心理学理论
1. 在"建构主义学习理论"范畴，具有不同经验背景的学生建构对统一知识的理解，那么评价学生学习成效的标准是什么？
2. 建构主义是从认知主义中衍生出来的，是否意味着认知主义更为全面，适用范围更广呢？
3. 在行为主义中，培训这在观察被培训者过去的行为结构后，从哪些方面来具体地改变、提高、调整他们未来的行为，有没有一个完整的系统方法能够运用到这个领域？
4. 行为主义中的刺激达到的是间断的还是持续的？哪一个比较好？
5. 在培训中，如果受训者的认知与培训者传授的知识相冲突的时候，培训者应该如何更好地使受训者接受他的知识？
6. 建构主义学习理论和社会相互依赖理论之间的关系？

三、社会相互依赖理论
1. 在社会相互依赖理论中，如何判定每个个体在小组中的价值？如果没有小组的合作，个体在完成任务时又有什么不同之处？
2. 在一个小组中，若其中一个组员产生变化，究竟是怎样影响其他组员的变化的呢？
3. 在实际生活中，组内基于共同目标的依赖性是否又有不存在的现象？
4. 这五个主义之间在企业是否有交集？

四、新问题与延伸
1. 当受训者的评估标准无法量化时，该如何衡量和评估这一水平？
2. 在设定评估受训者的标准时，用什么方法来量化受训者的关注度或怀疑度？
3. 成人受训者的注意力时段如何测量？在注意力时段不同的情况下，如何保证培训效果？
4. 在"建构主义"中，"创设情境"这一手段能否做到因材施教？

4. 学生作业《成人受训者行为评估表》

学生自主学习环节需要设计《成人受训者行为评估表》，附表 3-4 是某小组的设计作品。

附表 3-4 学生小组问题汇总表

成人受训者行为评估表

项 目	要 素	评分标准	得 分
学习态度	积极性	对培训内容保持兴趣	
		主动表达自己的观点	
		与培训者良好互动	
	协作性	愿与受训者建立良好关系	
		愿接受未知的变化	
		愿与他人分享观点	
	反馈性	主动提出反馈	
		接受外部意见的态度	
		学习计划的主观能动性	
学习能力	创新能力	能够举一反三	
		能够开拓新思路	
	学习效率	能够快速接受新信息	
		能够自我纠错	
	研究能力	能够抓住重点信息	
		能够将理论联系实际	
		能够对培训内容提出合理质疑	
学习成果	个人绩效	学习结果的优秀程度	
	绩效改进	较接受培训前的绩效提升程度	
总计			

注：单项 10 分制，得分与"评分标准项"正相关；总分 180 分。

评估者： 被评估者：

5. 学生作业《学生行为描述表》

学生自主学习环节需要完成的作业，如附表 3-5 所示。

附表 3-5　学生行为描述表

学习者行为描述表				
思考的品质	总能做到	基本做到	偶尔做到	没有做到
◆ 能了解案例的主要观点				
◆ 学习过程具有独创性的见解				
◆ 能对资料作出明确的解释				
◆ 能区分意见、假设与事实间的区别				
表达能力	总能做到	基本做到	偶尔做到	没有做到
◆ 小组讨论中能用文字或语言将思考的想法表达出来				
◆ 能举出例子以支持想法				
◆ 课堂发言中能正确鲜明表达观点				
◆ 能正确书写案例分析报告				
研究问题的能力	总能做到	基本做到	偶尔做到	没有做到
◆ 能正确地收集有关资料和信息				
◆ 能够列举解决问题的主要方法和步骤				
◆ 能正确记录小组讨论的主要观点				
◆ 能从宏观的角度看问题				
人际沟通的能力	总能做到	基本做到	偶尔做到	没有做到
◆ 能包容他人所提出的意见及想法				
◆ 能注意别人的观点看法				
个人表现	总能做到	基本做到	偶尔做到	没有做到
◆ 能够积极参与到小组活动中				
◆ 能协助并促进分组讨论				
◆ 能够积极承担小组任务				
态　度	总能做到	基本做到	偶尔做到	没有做到
◆ 能够从正确的角度看待问题				
◆ 能够坚持自己的信念和价值				
◆ 能以开放的态度进行自我评价				

6. 学生问卷调查表

课后学生都会填写一份问卷作为对该课程的反馈，附表 3-6 是《教学设计的教学理论》问卷。

附表 3-6　学生小组问题汇总表

《教学设计的学习理论》调查问卷结果

打分题	内容	平均得分	结果
1	我认真完成了"学习任务表"中的所有任务。	4.4	正确
2	课前老师布置了自学内容和要求,让我非常明确接下来的学习任务。	4.3	正确
3	看过视频教材之后,我充分掌握了成人学习理论、心理学理论、社会学理论。	3.9	正确
4	问题表中的问题全部解答完毕,没有更多的问题了。	3.6	一般
5	自学、网上讨论并没有影响我的课余时间。	3.5	一般
6	使用网络提问、答疑、讨论,能快速解决我的问题。	3.5	一般
7	看完视频,上课再听老师讲解,让我对内容了解得更透彻了。	4.2	正确
8	我与其他组员的合作非常顺利。	4.4	正确
9	我对这部分学习有了充分的自主权。	3.7	一般
10	这部分内容用翻转课堂的方式来学习会比传统的老师上课说、我们听来得有趣、高效。	3.6	一般
简答题	内容		
1	用翻转课堂教学模式上课,最让你印象深刻的部分是什么?理由?		
	(1)课前练习放大了学生不理解的内容,让学生在提问和上课听老师讲解的时候能有针对性。 (2)通过小组讨论的方式,能够听到不同的观点,扩展思维。 (3)学生有了更多的自主性。		
2	自学和上课的过程中,你觉得有什么不方便的地方吗?理由?		
	(1)本节课的内容理论性较大,但自学部分的材料内容不够详细,也没有提供信息搜索的有效渠道。 (2)自学阶段,学生在网上提出问题,老师解答得不够及时,导致上课的时候有些问题会忘记。 (3)课上老师讲解得不全面。		

参考文献

英文部分

1. Allen, M. W. (2007). Designing Successful ELearning. San Francisco: Pfeiffer.
2. Anderson, T. The theory and practice of online learning. Athabasca University Press. 2004.20-21.
3. Anderson, T., and Garrison, D.R. (1998). Learning in a networked world: New roles and responsibilities. In C. Gibson (Ed.), Distance Learners in Higher Education. (p. 97-112). Madison, WI.: Atwood Publishing.
4. Anderson, J.R.(1983).The architecture of cognition. Cambridge, MA: Harvard University Press.
5. Ben Lowe and Des Laffey(2011), Is Twitter for the Birds? : Using Twitter to Enhance Student Learning in a Marketing Course. Journal of Marketing Education 33(2) 183-192.
6. Brown, A. R., & Voltz, B. D. (2005, March). Elements of Effective eLearning Design. The International Review of Research in Open and Distance Learning, 6(1) 217-226. Retrived May 13, 2008, from the Washington State University database.
7. Badrul H. Khan(2005). Managing E-Learning Strategies: Design, Delivery, Implementation and Evaluation, Publisher: Information Science Publishing.
8. Carol A.O'Neil, Chery A. Fisher etc.(2014). Developing Online Learning Environments in Nursing Education[M]. Springer Publishing Company, New York, NY 10036.
9. Chandler,P.D.,&Sweller,J.(1991).Cognitive load theory and the format of instruction.Cognition and Instruction.8.293-332.
10. Christensen, C., Horn, M. B., & Staker, H. (2013). Is K-12 Blended Learning Disruptive: An Introduction to the Theory of Hybrids. Clayton Christensen Institute. Retrieved from:https://www.christenseninstitute.org/wp-content/uploads/2014/06/Is-K-12-blended-learning-disruptive.pdf.
11. Clark, D. (2003). Blended Learning: An EPIC White Paper. [DB/OL]. Retrieved from: http://www.scribd.com/doc/84278560/Clark‐D‐Blended‐Learning.
12. Clark, D. (2013). MOOCs: Taxonomy of 8 types of MOOC. Donald Clark Paln B. Retrieved from:http://donaldclarkplanb.blogspot.co.uk/2013/04/moocs-taxonomy-of-8-types-of-mooc.html.
13. Conole, G (2013) MOOCs as disruptive technologies: strategies for enhancing the learner experience and quality of MOOCs, Revista de Educación a Distancia, vol 39, pp 1-17, available at: www.um.
14. Curry, L. (1983). Learning Styles in Continuing Med- ical Education, Canadian Medical Association, Ottawa.
15. Daniel C. A. Hillman, Deborah J. Willis, Charlotte N. Gunawardena. Learner-Interface Interaction in Distance Education: An Extension of Contemporary Models and Strategies for Practitioners.[J]. American Journal of Distance Education, 1994, 8(2):30-42.

16. David Kaufer, Ananda Gunawardena, Aaron Tan and Alexander Cheek(2011). Bringing Social Media to the Writing Classroom: Classroom Salon. Journal of Business and Technical Communication 25(3): 299-321.
17. Doran, G. T. (1981). "There's a S.M.A.R.T. way to write management's goals and objectives". Management Review. AMA FORUM. 70 (11): 35-36.
18. Downes, S. (2013). Week 2: The Quality of Massive Open Online Courses by Stephen Downes. MOOC Quality Project: perspectives on quality of MOOC-based education.
19. Driscoll, M. (2003). "Blended Learning: Let's get Beyond the Hype." IBM Global Services. Retrieved from: http://www‐07.ibm.com/services/pdf/blended_learning.pdf
20. Dziuban C., Hartman J. and Moskal P. (2004) "Blended Learning" EDUCAUSE, vol 2004, issue 7 .Retrieved from: http://net.educause.edu/ir/library/pdf/ERB0407.pdf
21. Eysenck, M. W. & Keane, M. T. (1995). Cognitive psychology: A students' handbook. Psychology Press Ltd. pp. 385-387.
22. Federico P (2000) Learning styles and student attitudes toward various aspects of network-based instruction Computers in Human Behavior 16, 359-379.
23. Feuerstein, R., P. S. Klein& A. J. Tannenbaum.1991. Mediated Learning Experience: Theoretical Psychological and Learning Implication [M]. London: Freund.
24. Freedman,T.(ed)(2010). The Amazing Web 2.0 Projects Book. Retrieved from: http://www.ictineducation.org/db/web2/.
25. Garrison, D. R. (2008). Blended learning in higher education: Framework, principles, and guidelines[J]. Academy of Management Learning & Education, 2008, 7(1):135-137.
26. Garrison, D. R. (2011). E-learning in the 21st century: A framework for research and practice. Taylor & Francis. 3.
27. Garrison, D.R. (2003). Self-directed learning and distance education. In M.G. Moore & W.G. Anderson (Eds.), Handbook of distance education (pp. 161–168). Mahwah, NJ: Lawrence Erlbaum.
28. George Siemens(2005). Connectivism: A Learning Theory for the Digital Age. Instructional technology &distance learning, 2(1).
29. George Siemens.What is the theory that underpins our moocs? Retrieved July 1, 2014, from http://www.elearnspace.org/blog/2012/06/03/what-is-the-theory-that-underpins-our-moocs/.
30. Gilbert L, Moore D R. Building Interactivity into Web Courses: Tools for Social and Instructional Interaction.[J]. Educational Technology, 1998, 38:29-35.
31. Graham, C. R. (2013). Emerging practice and research in blended learning. In M. G. Moore (Ed.), Handbook of distance education (3rd ed., pp. 333–350). New York, NY: Routledge.
32. Graham, C.R. (2006). Blended learning systems: Definition, current trends, and future directions. In C.J. Bonk & C.R. Graham (Eds.), Handbook of blended learning: Global perspectives, local designs (pp. 3-21). San Francisco, CA: Pfeiffer.

33. Graham, C.R., & Allen, S. (2009). Designing blended learning environments. In P. L. Rogers, G. A. Berg, J.V. Boettecher, C.Howard, L. Justice, & K. Schenk (Eds.), Encyclopedia of Distance Learning (Vol. 2, pp. 562-570). Hershey, PA: IGI Global.
34. Gráinne Conole(2013). MOOCs as disruptive technologies: strategies for enhancing the learner experience and quality of MOOCs, Revista de Educación a Distancia, vol 39, pp 1-17, Retrieved from http://www.um.es/ead/red/39/conole.pdf.
35. Hackman, M. Z. and Walker, K. B. Instructional communication in the televised classroom: The effects of system design and teacher immediacy on student learning and satisfaction [J]. Communication Education, 1990, (39):196-206.
36. Holden J T, Westfall J L. An Instructional Media Selection Guide for Distance Learning. Fourth Edition.[J]. Online Submission, 2007:36.
37. Holec, H. Autonomy in Foreign Language Learning[M].Oxford:Pergamon,1981:3.
38. Jessica K. Beaver, Ph.D. Brittan Hallar, Ph.D. Lucas Westmaas "BLENDED LEARNING Defining Models and Examining Conditions to Support Implementation" (PDF). Philadelphia Education Research Consortium (PERC). September 2014. Retrieved May 10, 2016.http: http://www.researchforaction.org/wp-content/uploads/2015/11/Blended-Learning-PERC-Research-Brief-September-2014.pdf.
39. James P.Byrnes(2001).Cognitive development and learning in instructional contexts (second edition).Allyn&Bacon.Needham Heights.
40. Jonassen, D. H. (2000) Toward a design theory of problem solving, Educational Technology Research & Development, 48(4), 63-85.
41. Jonassen,D.H.(2003).Using cognitive tools to represent problems,Journal of research in technology in education,35(3),362-381.
42. Jonassen,D.H.(2004).Learning to solving problem: An instructional design guide. San Francisco, CA:Jossey-Bass.48-57.
43. Jonssen D. What is cognitive tools?[A]. Kommers P, Jonssen D, Mayes J .Cognitive Tools for Learning[C]. Berlin: Springer-Verlag Publications,1992.155-171.
44. Johnson, L., Adams Becker, S., Cummins, M., Estrada, V.,Freeman, A., and Hall, C. (2016). NMC Horizon Report: 2016 Higher Education Edition[DB/OL]. Retrieved from: http://cdn.nmc.org/media/2016-nmc-horizon-report-he-EN.pdf
45. Kaplan, Andreas M.; Michael Haenlein (2010). "Users of the world, unite! The challenges and opportunities of Social Media". Business Horizons 53 (1): 59-68.
46. Khan, B.H. (2005). Learning features in an open, flexible, and distributed environment. AACE Journal, 13(2), 137-153.
47. Khan, B.H. (2005). Managing e-learning: Design, delivery, implementa- tion and evaluation. Hershey, PA: Idea Group Publishing.p14.

48. Kietzmann, Jan H.; Kris Hermkens, Ian P. McCarthy, and Bruno S. Silvestre (2011). "Social media? Get serious! Understanding the functional building blocks of social media". Business Horizons 54 (3): 241-251.
49. King, C. E., Doherty, K., Kelder, J. A., Mcinerney, F., Walls, J., & Robinson, A., et al. (2014). 'fit for purpose': a cohort-centric approach to mooc design. Rusc Universities & Knowledge Society Journal, 11(3), 108-121.
50. Koch, L. F. (2014). The nursing educator's role in e-learning: A literature review. Nurse Education Today, 34(11), 1382 – 1387. doi:http://dx.doi.org/10.1016/j.nedt.2014.04.002.
51. Leutner,D.(2000).Double-fading support—a training approach to complex software system. Jounal of Computer Assisted Learning,16,347-357.
52. Little, D. (2007). "Language learner autonomy: Some fundamental considerations revisited." Innovation in Language Learning and Teaching 1. pp. 14-29.
53. Little, D. (2009) "Learner autonomy in action: Adult immigrants learning English in Ireland." In F. Kjisik, P. Voller, N. Aoki, & Y. Nakata (eds.) . Mapping the Terrain of Learner Autonomy: Learning Environments Learning Communities and Identities. Tampere: Tampere University Press, pp. 51-85.
54. Littlewood, D. 1999. "Defining and developing autonomy in the east Asian context." Applied Linguistics 1. pp. 71-94.
55. Lou, Y. (2004). Understanding process and affective factors in small group versus individual learning with technology. Journal of Educational Computing Research, 31(4), 337-369.
56. Maran,N.J.,&Glavin,R.J.(2003). Low-to high-fidelity simulation: A continuum of medical education. Medical Education,37(1),22-28.
57. Marjorie Vai & Kristen Sosulski (2016). Essentials of Online Course Design: A Standards-Based Guide (Second Edition). New York, N.Y.: Routledge Press.129.
58. Marshall,S.P.(1995).Schemas in problem solving. Cambridge: Cambridge University Press.
59. Mayer,R.E (1999), Designing instruction foe constructivist learning, In. C. M.Reiyeluth Instructional design theories and models: A new paradigm of instructional theory[C]. Hillsclale, NJ, Lawrence Elbaum Associates,1999. 141-158.
60. Mayer,R.E., &Moreno,R.(2003).Nine ways to reduce cognitive load in multimedia learning. Educational Psychologist,38,43-52.
61. McAuley, A., Stewart, B., Siemens, G., and Cormier.D., "The MOOC model for digital practice", University of Prince Edward Island, Social Sciences and Humanities Research Council's Knowledge synthesis grants on the Digital Economy(2010).http://davecormier.com/edblog/wpcontent/uploads/MOOC_Final.pdf.
62. Merrill, M. D. (1983) Component display theory in C M Reigeluth (ed) Instructional design theories and models: an overview of their current status Lawrence Elrbaum Associates, Hillsdale.

63. Merrill, M. D. (1999). Instructional transaction theory (ITT): Instructional design based on knowledge objects. In Reigeluth, C. M. (Ed.). Instructional Design Theories and Models: A New Paradigm of Instructional Theory, Chapter 17. NJ: Lawrence Erlbaum Associates. Retrieved November 15, 2003.
64. Moore, M. G. (1988). Editorial: Three types of interaction[J]. Tetrahedron Letters, 1988, 29(47):6051-6054.
65. Moore, M. G. (1998). Introduction. In C. C. Gibson (Ed.), Distance learners in higher education. Madison, Wisconsin: Atwood Publishing.p4.
66. Nathaniel J. Payne, Colin Campbell, Anjali S. Bal and Niall Piercy(2011),Placing a Hand in the Fire: Assessing the Impact of a YouTube Experiential Learning Project on Viral Marketing Knowledge Acquisition.Journal of Marketing Education33(2) 204-216.
67. Oliver M, Trigwell K. Can 'blended learning' be redeemed[J]. E-learning, 2005, 2(1):17-26.
68. Picciano, A... Beyond student perceptions: Issues of interaction, presence, and performance in an online course [J]. Journal of Asynchronous Learning Networks ,2002,6(1):21-40.
69. Pintrich, P. R. (2000). The Role of Goal Orientation in Self-Regulated Learning. In M. Boekaerts, P. R. Pintrich, & M. Zeidner (Eds.), Handbook of Self-Regulation (Pp. 451-501). San Diego, CA: Academic Press.
70. Prensky, M. (2000). Digital game-based learning. New York: McGraw-Hill. 156.
71. Ravenscroft A., Sagar M., Baur E. & Oriogun P. (2008) Ambient pedagogies, meaningful learning and social software. In Social Software & Developing Community Ontologies (eds. S. Hatzipanagos & S. Warburton) pp. 432-450.
72. R.Keith Sawyer(Eds).(2006). The cambridge handbook of the learning sciences.Cambridge, New York: Cambridge University Press.
73. Reigeluth, C. M. (1983). Instructional design: What is it and why is it? In Ch. M. Reigeluth (Ed.), Instructional theories and models: An overview of their current status (pp. 3-36). Hillsdale, NJ: Lawrence Erlbaum.
74. Reigeluth, C. M.(1999). Instructional Design Theories and Models, Volume II: A new paradigm of instructional theory[M]. Mahwah, NJ: Lawrence Erbium Associates, 1999: 54.
75. Rogoff, B&J.V. Wertsch, etal. Children's learning in the "zone of proximal development". New Directions for Child Development[J]. Jossey-Bass, 1984, (23): 32- 54.
76. Rooney, J. E. (2003). Blending learning opportunities to enhance educational programming and meetings. Association Management, 55(5), 26-32.
77. Rowland, G., & Reigeluth, C. M. (1994) Task analysis. Invited encyclopedia entry in T. Husen & T. N. Postlethwaite (Eds.), International Encyclopedia of Education.London: Pergamon. Reprinted in T. Plomp & D. P. Ely (Eds.) (1996),International Encyclopedia of Educational Technology (2nd ed.). Oxford:Pergamon.

78. Sadlersmith, E. (1996). Learning styles: a holistic approach. Journal of European Industrial Training, 20(7), 29-36.
79. Shannon B. Rinaldo, Suzanne Tapp and Debra A. Laverie(2011). Learning by Tweeting : Using Twitter as a Pedagogical Tool. Journal of Marketing Education 33(2) 193-203.
80. Sharpe R, Benfield G, Roberts G. The undergraduate experience of blended e-learning: a review of UK literature and practice[J]. Retrieved on of November from www.heacademy.ac.uk, 2006.
81. Siemens, G. (2014). Connectivism: A Learning Theory for the Digital Age. International Journal of Instructional Technology and Distance Learning, 2(1). Siemens G. Connectivism: A Learning Theory for the Digital Age[J]. International Journal of Instructional Technology and Distance Learning, 2014, 2(1).
82. Siemens, G., Gašević, D., & Dawson, S. (2015). Preparing for the digital university: a review of the history and current state of distance, blended, and online learning. Athabasca University, University of Edinburgh.
83. Sims, R.(1999). The Interactive Conundrum I: Interactive Constructs and Learning Theory [A]. J. Winn(ED). Responding to Diversity. Proceedings of 16th Annual Conference of SCILITE [C]. Brisbane: QUT, Teaching and Learning Support Services.
84. Singh H, Reed C. A White Paper: Achieving Success with Blended Learning[J]. Centra Software Retrieved, 2001, 12(March):206-207.
85. Stacey, E. & Gerbic, P. (2009). Effective Blended Learning Practices: Evidence-Based Perspectives in ICT-Facilitated Education. In: Introduction to Blended Learning Practices. Hershey NY: IGI Global.
86. Steven Warburton & Yishay Mor (2015) A set of patterns for the structured design of MOOCs, Open Learning: The Journal of Open, Distance and e-Learning, 30:3, 206-220, DOI: 10.1080/02680513.2015.1100070.
87. Summers M, Volet S. Group work does not necessarily equal collaborative learning: evidence from observations and self-reports[J]. European Journal of Psychology of Education, 2010, 25(4):págs. 473-492.
88. Sun, Y., Zhang, J., & Scardamalia, M.. Knowledge building and vocabulary growth over two years, Grades 3 and 4[J]. Instructional Science, 2010, 38 (2):247-271.
89. Susanna Tsai, Paulo Machado, E-learning, Online Learning, Web-based Learning, or Distance Learning: Unveiling the Ambiguity in Current Terminology. Retrieved from https://pdfs.semanticscholar.org/78aa/6073885868a77be815d75319abe4fcc39225.pdf, 2017.2.10.
90. Sweller,J.(1999). Instructional design in technical areaes[J].Australian educational review.ACER Press,Camberwe, Australia.1999.43.
91. Talbert, Robert (2012) "Inverted Classroom," Colleagues: Vol. 9 : Iss. 1 , Article 7.
92. Twigg C A. Improving learning and reducing costs: new models for online learning[J]. Educause Review, 2003, 38(4):6-14.

93. van Merriënboer, Jeroen J. G.,Kirschner,P.A.,&kester,L.(2003).Taking the load of a learner' mind: Instructional design foe complex learning. Educational Psychologist,38,5-13.
94. Wagner E D. In support of a functional definition of interaction[J]. American Journal of Distance Education, 1994, 8(2):6-29.
95. Williams, M. & Burden, R. L. Psychology for Language Teachers: A Social Constructivist Approach [M]. Beijing: Foreign Language Teaching and Research Press, 2000.
96. Zimmerman B J, Risemberg R. Self-regulatory dimensions of academic learning and motivation. In: Phye G D ed. Handbook of academic learning. Academic Press,1997.105-125.
97. Tergan, S. (1997) Misleading theoretical assumptions in hypertext/hypermedia research, Journal of Educational Multimedia and Hypermedia, 6(3/4), 257-283.

中文著作&文章

98. Badrul H. Khan. 开放灵活的分布式学习环境[J]. 张建伟编译. 现代教育技术，2003(4)：11-17.
99. Benson，P. Teaching and Researching Autonomy in Language Learning[M]. 北京：外语教学与研究出版社，2005.
100. Bruce Joyce 等. 教学模式[M]. 荆建华，等译. 北京：中国轻工业出版社，2002.
101. Byun, H.P., Hallett, K.& Essex, C. 在线课程设计经验谈[J]. 杨志珍译. 中国远程教育，2001(12)：47-64.
102. Dick&Carey. 系统化教学设计(第六版)[M]. 庞维国，等译. 上海：华东师范大学出版社，2007.
103. Dick&Carey. 教学系统化设计[M]. 汪琼译. 北京：高等教育出版社，2004.
104. George J. Posner. 课程分析[M]. 仇光鹏，等译. 上海：华东师范大学出版社，2007.
105. George W.等. 建构主义学习设计——标准化教学的关键问题[M]. 宋玲译. 北京：中国轻工业出版社，2008.
106. Hallett, K. 在线课程设计的六个环节[J]. 褚献华译. 远程教育杂志，2003(3)：22-24.
107. Jung Lee，OK-Choon Park. 适应性教学系统. //J. Michael Spector 等. 教育传播与技术研究手册(第三版)[M]. 任友群，等译. 上海：华东师范大学出版社，2012.
108. Linda B Nilson. 最佳教学模式的选择与过程控制(第3版)[M]. 魏清华，等译. 广州：华南理工大学出版社，2014.
109. Linda L. Lohr 和 James E. Gall. 呈现策略. //J. Michael Spector 等. 教育传播与技术研究手册(第三版)[M]. 任友群，等译. 上海：华东师范大学出版社，2012：106.
110. Morrison,Ross&Kemp. 设计有效教学[M]. 严玉萍译. 北京：中国轻工业出版社，2007.
111. Robin Fogarty. 多元智能与问题式学习[M]. 钱美华，等译. 北京：中国轻工业出版社，2005.
112. Robert J.Sternberg. 认知心理学[M]. 杨炳钧，等译. 北京：中国轻工业出版社，2006.
113. S.Lan Robertson. 问题解决心理学[M]. 张奇译. 北京：中国轻工业出版社，2004.
114. Scardamalia,M.,张建伟，孙燕青. 知识建构共同体及其支撑环境[J]. 现代教育技术，2005，15(3)：5-13.
115. Smith&Ragan. 教学设计(第三版)[M]. 庞维国，等译. 上海：华东师范大学出版社，2008.

116. 埃德温·M.布里奇斯等. 以问题为本的学习在领导发展中的运用[M]. 冯大鸣译. 上海：上海教育出版社，2002.
117. 安德森等. 学习、教学和评估的分类学——布鲁姆教育目标分类学修订版[M]．皮连生主译．上海：华东师范大学出版社，2008．
118. 奥托·彼得斯. 转型中的远程教育——新的趋势和挑战[M]. 丁兴富译. 上海：上海高教电子音像出版社，2008
119. 白普利·艾碧. 网络教育——教学与认知发展新视角[M]. 丁兴富，等译. 北京：中国轻工业出版社，2003.
120. 布鲁姆等. 教育目标分类学——认知领域[M]. 罗黎辉，等译. 上海：华东师范大学出版社，1986.
121. 布鲁纳. 教育过程[M]. 邵瑞珍译. 北京：人民教育出版社，1989.
122. 丛立新. 课程论问题[M]. 北京：教育科学出版社，2000.
123. 戴尔·H.申克. 学习理论：教育的视角[M]. 韦小满译. 南京：江苏教育出版社，2003.
124. 戴维·H.乔纳森. 学习环境的理论基础[M]. 郑太年，等译. 上海：华东师范大学出版社，2002.
125. 戴维·乔纳森. 学会用技术解决问题——一个建构主义者的视角(第2版)[M]. 任有群，等译. 北京：教育科学出版社，2007.
126. 德里思科尔. 学习心理学——面向教学的取向[M]. 王小明，等译. 上海：华东师范大学出版社，2008.
127. 丁新. 国际远程教育研究[M]. 北京：高等教育出版社，2008.
128. 丁兴富. 远程教育学[M]. 北京：北京师范大学出版社，2002.
129. 杜威. 民主主义于教育[M]. 王承绪译. 北京：人民教育出版社，1990.
130. 冯忠良. 教育心理学[M]. 北京：人民教育出版社，2000.
131. 高文. 教学模式论[M]. 上海：上海教育出版社，2002.
132. 高文等. 建构主义教育研究[M]. 北京：教育科学出版社，2008.
133. 顾明远. 教育大辞典[M]. 上海：上海教育出版社，1998.
134. 郭峰. 现代远程教育中的教学交互模式研究[D]. 山东师范大学，2010.
135. 哈罗，辛普森等. 教育目标分类学——动作技能领域[M]. 施良方，等译. 上海：华东师范大学出版社，1989.
136. 基更. 远程教育基础[M]. 丁新译. 上海：上海高教电子音像出版社，2008.
137. 加涅等. 教学设计原理[M]. 皮连生，等译. 上海：华东师范大学出版社，1999.
138. 加涅. 学习的条件和教学论[M]. 皮连生，等译. 上海：华东师范大学出版社，1999.
139. 黄荣怀等. 混合式学习的理论与实践[M]. 北京：高等教育出版社，2006.
140. 江山野. 简明国际教育百科全书 [M]. 北京：教育科学出版社，1991.
141. 焦建利，王萍. 慕课(互联网+教育时代的学习革命)[M]. 北京：机械工业出版社，2015.
142. 杰弗里·K.宾图. 项目管理[M]. 北京：机械工业出版社，2010.
143. 金慧，胡盈滢，宋蕾. 技术促进教育创新——新媒体联盟《地平线报告》(2017高等教育版)解读[J]. 远程教育杂志，2017，35(2)：3-8.

144. 金慧,刘迪,李艳. 打造社交型高质量慕课平台——访英国 FutureLearn 公司总裁西蒙·尼尔森[J]. 世界教育信息,2015(1):9-11.
145. 金慧,刘迪等. 新媒体联盟《地平线报告》(2016 高等教育版)解读与启示[J]. 远程教育杂志,2016,12:3-10.
146. 金慧. 基于问题解决的学习支持[M]. 长春:吉林大学出版社,2011.
147. 金慧. 外语类高校开展 MOOCs 的优势分析和应对措施[C]. 中国文史出版社,2015.
148. 金慧. 基于社会媒体的群体知识建构方式的研究——以班级微群为例[J]. 现代远距离教育,2014(3):26-30.
149. 靳玉乐. 反思教学[M]. 成都:四川教育出版社,2006.
150. 靳玉乐. 探究教学论[M]. 重庆:西南师范大学出版社,2001.
151. 赫根汉,奥尔森等. 学习理论导论[M]. 郭本禹,等译. 上海:上海教育出版社,2011.
152. 克拉斯沃尔,布鲁姆等. 教育目标分类学——情感领域[M]. 施良方,等译. 上海:华东师范大学出版社,1989.
153. 克努兹.伊列雷斯. 我们如何学习——全视角学习理论[M]. 孙玫璐译. 北京:教育科学出版社,2010.
154. 兰迪·加里森,特里·安德森. 21 世纪的网络学习——研究与实践框架[M]. 丁新主译. 上海:上海高教电子音像出版社,2008.
155. 李龙. 论"微型学习"的设计与实施[J]. 电化教育研究,2014,2:74-83.
156. 李龙. 教学设计[M]. 北京:高等教育出版社,2010.
157. 李其龙等. 研究性学习国际视野[M]. 上海:上海教育出版社,2003.
158. 迈克尔·穆尔,格雷格·基尔斯利. 远程教育系统观[M]. 王一兵主译. 上海:上海高教电子音像出版社,2008.
159. 迈克尔·波兰尼. 个人知识[M]. 许泽民译. 贵阳:贵州人民出版社,2000.
160. 李晓文,王莹. 教学策略[M]. 北京:高等教育出版社,2000.
161. 理查德·E.迈耶. 多媒体学习[M]. 傅小兰,等译. 北京:商务印书馆,2006.
162. 庞维国. 自主学习:学与教的原理和策略[M]. 上海:华东师范大学出版社,2003.
163. 裴新宁. 面向学习者的教学设计[M]. 北京:教育科学出版社,2007
164. 皮连生. 知识分类与目标导向教学[M]. 上海:华东师范大学出版社,1998.
165. 邵瑞珍. 教育心理学[M]. 上海:上海教育出版社,1997.
166. 普莱斯顿等. 教学方法——应用认知科学,促进学生学习[M]. 王锦,等译. 上海:华东师范大学出版社,2006.
167. 任长松. 探究式学习——18 条原则[M]. 福州:福建教育出版社,2005.
168. 山尼·戴克斯特拉等. 教学设计的国际观第 2 册——解决教学设计问题[M]. 任有群,等译. 北京:教育科学出版社,2007.
169. 盛群力,李志强. 现代教学设计论[M]. 杭州:浙江教育出版社,2001.
170. 施良方. 课程理论——课程的基础、原理与问题[M]. 北京:教育科学出版社,2002.

171. 施良方. 学习论——学习心理学的理论与原理[M]. 北京：人民教育出版社，1995.
172. 宋艳玲，孟昭，闫雅娟. 从认知负荷视角探究翻转课堂——兼及翻转课堂的典型模式分析[J]. 远程教育杂志，2004(1)：110-111.
173. 泰勒. 课程与教学的基本原理[M]. 施良方译. 北京：人民教育出版社，1994.
174. 托尼·贝兹. 技术、电子学习与远程教育[M]. 祝智庭主译. 上海：上海高教电子音像出版社，2008.
175. 王萍. 大规模在线开放课程的新发展与应用：从 cmooc 到 xmooc[J]. 现代远程教育研究，2003(3)：13-19.
176. 王小明. 教学论——心理学取向[M]. 上海：上海教育出版社，2005.
177. 乌美娜等. 教学设计[M]. 北京：高等教育出版社，1994.
178. 武法提. 网络课程的设计与开发[M]. 北京：高等教育出版社，2007.
179. 武法提. 网络教育应用[M]. 北京：高等教育出版社，2003.
180. 吴立岗. 教学的原理、模式和行动[M]. 南宁：广西教育出版社，2003.
181. 雪伦·B.梅里安等. 成人学习的综合研究与实践指导(第 2 版)[M]. 黄健，等译. 北京：中国人民大学出版社，2011.
182. 杨玉芹，焦建利. MOOC 学习者个性化学习生态设计框架[J]. 电化教育研究，2014(8)：32-37.
183. 辛自强. 问题解决与知识建构[M]. 北京：教育科研出版社，2005.
184. 约翰·阿戴尔. 决策与问题解决[M]. 林颖译. 上海：上海人民出版社，2006.
185. 约翰·杜威. 我们怎样思维[M]. 姜文闵译. 北京：人民教育出版社，2005.
186. 约翰·D.布兰斯福特等. 人是如何学习的——大脑、心理、经验及学校[M]. 程可拉，等译. 上海：华东师范大学出版社，2002.
187. 张华. 课程与教学论[M]. 上海：上海教育出版社，2000.
188. 张建伟，孙燕青. 建构性学习——学习科学的整合性探索[M]. 上海：上海教育出版社，2005.
189. 张一春. 精品网络课程设计与开发[M]. 南京：南京师范大学出版社，2008.
190. 张祖忻，章伟民等. 教学设计——原理与应用[M]. 北京：高等教育出版社，2011.
191. 郑金洲. 自主学习[M]. 福州：福建教育出版社，2005.
192. 郑金洲. 案例教学指南[M]. 上海：华东师范大学出版社，2000.
193. 郑菊萍. 反思性学习简论[M]. 上海：上海教育科研，2002(8)：43-46.
194. 钟晓流，宋述强，焦丽珍. 信息化环境中基于翻转课堂理念的教学设计研究[J]. 开放教育研究，2013(1)：62-63.
195. 衷克定. 教师策略性知识的成分与结构特征研究[J]. 北京师范大学学报(人文社会科学版)，2002(4)：35-42.
196. 朱迪斯·H.舒尔曼. 教师教育中的案例教学法[M]. 郅庭瑾主译. 上海：华东师范大学出版社，2007.